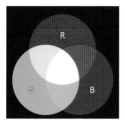

(a) RGB による加法混色

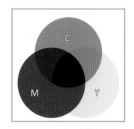

(b) CMY による減法混色

図 3.1　三原色および混色

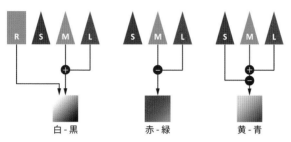

図 3.2　段階説の説明図

(a) 色相

(b) 彩度

(c) 明度

図 3.3　色の三属性

(a)

(b)

図 3.5　コントラストによる色の見え方の違い

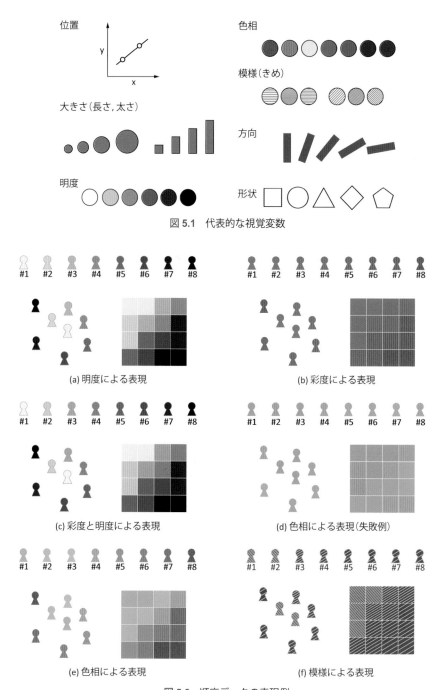

図 5.1　代表的な視覚変数

(a) 明度による表現

(b) 彩度による表現

(c) 彩度と明度による表現

(d) 色相による表現（失敗例）

(e) 色相による表現

(f) 模様による表現

図 5.6　順序データの表現例

(b) 色相による表現

図 5.3　名義データ（3 値）の表現例

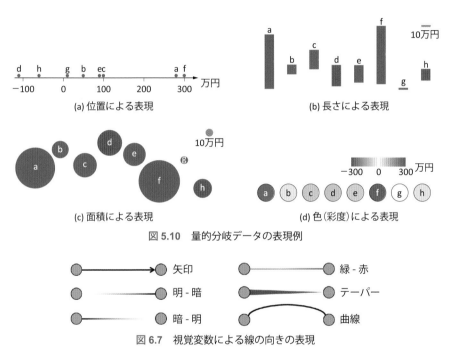

(a) 位置による表現

(b) 長さによる表現

(c) 面積による表現

(d) 色（彩度）による表現

図 5.10　量的分岐データの表現例

矢印

明 - 暗

暗 - 明

緑 - 赤

テーパー

曲線

図 6.7　視覚変数による線の向きの表現

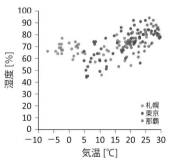

図 7.3, 8.4(c)　気温と湿度の関係を表した散布図
［データの出典：気象庁ホームページ］

(a) 楕円領域への色付け

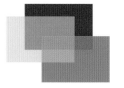
(b) 矩形領域への色付け

(c) 絵の具の三原色（RYB）の利用

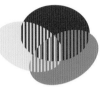
(d) 織模様の利用

(e) 異なる表現形態の利用

図 10.2　領域を見分けやすくする工夫

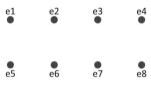
(a) 位置の指定された要素

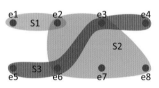
(b) バブルセットの例

図 10.4　バブルセットによる表現例

(e) 線に色をつける

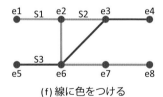
(f) 線に色をつける

図 10.5　集合の要素をつなぐ表現

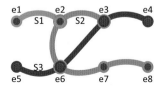
図 10.6　ラインセットの例

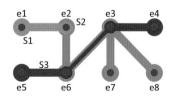
図 10.7　ケルプダイアグラムの例

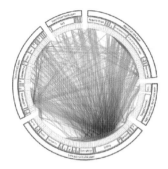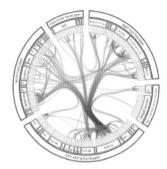

|(a) 適用前|(b) 適用後|

図 11.9　エッジバンドルの適用例 ［出典：文献[64]. © 2006 IEEE］

茨城県の市町村

市
町
村

図 13.2　領域の塗り分けによる 地図上の質的
データの表現例
［データの出典：国土数値情報（国土交通省），
　政府統計の総合窓口（e-Stat）］

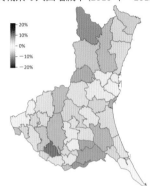

茨城県の人口増減率（2010 年〜2015 年）

20%
10%
0%
−10%
−20%

図 13.3　コロプレス地図の例
［データの出典：国土数値情報（国土交通省），
　政府統計の総合窓口（e-Stat）］

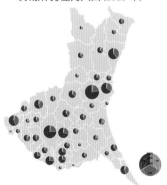

茨城県 労働力人口（2015 年）

図13.5　計量記号図の例2
［データの出典：国土数値情報（国土交通省），
　政府統計の総合窓口（e-Stat）］

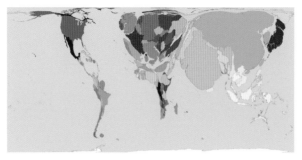

図 13.8　隣接領域統計地図の例 ［提供：Danny Dorling, University of Oxford］

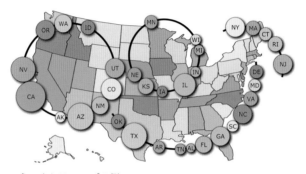

図 13.9　ネックレスマップの例 ［提供：Kevin Verbeek, Eindhoven University of Technology］

図 14.8　二色塗り分け疑似カラーにおける棒の塗り分け方の例

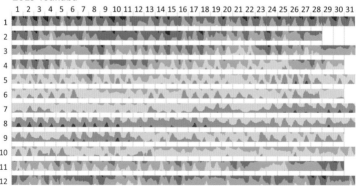

図 14.9　二色塗り分け疑似カラーによるチャートの例 ［データの出典：気象庁ホームページ］

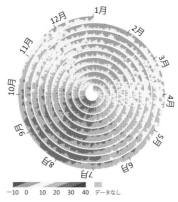

−10 0 10 20 30 40 データなし

**図 14.19 二色塗り分けスパイラルチャートの例**
［データの出典：気象庁ホームページ］

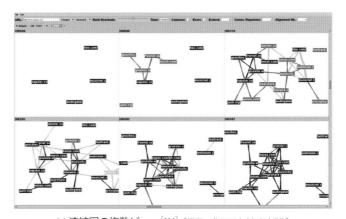

(c) 連結図の複数ビュー[114] ［提供：豊田正史（東京大学）］

**図 15.1 複数ビューによる動的データの可視化例**

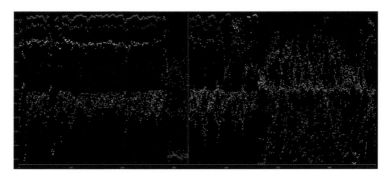

**図 15.4 TMDS による可視化例** ［出典：文献 [116]. © 2015 IEEE］

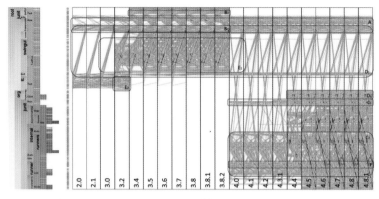

図 **15.7** parallel edge splatting の例 [出典：文献 [118]. © 2011 IEEE]

(a) 地図への棒グラフの埋め込み
[提供：兵吾勇貴]

(b) スパーククラウド [出典：文献 [120]. © 2010 IEEE]

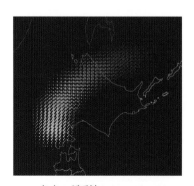

(c) あまつぶ手法 [提供：兵吾勇貴]

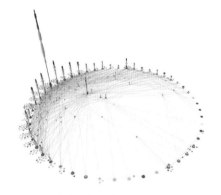

(d) タワーマップ [提供：伊藤隆朗]

図 **15.8** 時間次元の埋め込みの例

# 情報可視化入門

## 入門

人の視覚と
データの
表現手法

三末 和男 著

森北出版

# まえがき

　データや情報を視覚的表現に変換することを「可視化」という．とくに，物理的な形や空間的な位置があらかじめ備わっていないようなデータや情報を対象にした可視化を「情報可視化」とよぶ．ここで「視覚的表現」とは，データや情報を目に見えるように表現したもので，競合他社との売上高を比較するための棒グラフや，企業間の提携関係を表したネットワーク図などが例として挙げられる．

　情報技術の進歩とともにデータは爆発的に増えている．あふれるデータを有効活用したいという要求がある一方で，我々人間が処理できるデータの量には限りがある．幸いにして我々は優れた視覚を備えている．情報可視化は，人間の視覚的認知能力とコンピュータの情報処理能力を融合して効果的に活用するものであり，氾濫するデータの活用に対する一つの解決策を提供するものである．

　本書の目的は，情報可視化に関する体系的な知識を提供することである．そのために，本書は，おおまかに以下のような内容から構成される．

- 情報可視化に関連する基礎知識（第1章〜第4章）
- 情報可視化の基本手法（第5章〜第7章）
- データ構造ごとの可視化手法（第8章〜第15章）

　ある視覚的表現を見てそれが表す情報を理解できるのは，その視覚的表現が言語的な特性を備えているからである．そのような視覚的表現にはそれを構成する単語や文法に相当するものがあり，それらは人間の視覚特性に従って定められている．また，対象データの種類によっても適した単語や文法が異なる．そのため，情報可視化を議論するときには，人間の視覚特性，対象データ，視覚的な表現手法を関連付けて考えることが重要である．

　データを視覚的に表現する際には，さらに，視覚的表現を用いる目的や論点を意識すべきであり，論点に適した視覚的表現を選ぶことも重要である．ただし，本書では，論点と個々の視覚的表現との関係については詳しく説明できなかった．また，可視化は多くの場合，静的な図を制作して終わりではなく，コンピュータなどの画面を通して対話的に視覚的表現を操作することが広く行われている．そのような対話的操作にも文法が

あるが，これについても本書ではあまり触れていない．これらについては，別の書籍（[1] や [2] など）を参考にしてほしい．

本書は，筑波大学において 2009 年から開講している授業科目「情報可視化」の講義内容をまとめたものである．開講から 10 年以上を経て，授業内容もこのような形へと段々と変化してきた．なお，授業を設計するにあたり，さまざまな文献や論文を参考にしたが，中でも以下の文献の影響を大きく受けている．

[3] 出原栄一ほか，"図の体系—図的思考とその表現"，日科技連，1986.

[4] 杉山公造，"グラフ自動描画法とその応用，計測自動制御学会"，1993.

[5] Colin Ware, "Information Visualization: Perception for Design, 2nd ed.", Morgan Kaufmann, 2004.

[6] Stephen Few, "Show Me the Numbers: Designing Tables and Graphs to Enlighten," Analytics Press, 2004.

[7] Stuart K. Card et al., "Readings in Information Visualization: Using Vision to Think", Morgan Kaufmann, 1999.

視覚的表現の文法に相当するものを，本書では表現規則とよんでいる．『図の体系』[3]で紹介されている表現系の考え方を表現規則の大分類として利用している．また，『グラフ自動描画法とその応用』[4]でまとめられている描画規則や美的基準などは，表現規則の構成要素として取り入れている．

本書のおもな対象読者は大学の学部生である．データを表すために数式のような記法を利用しているが，式ではなく記号だと思って読み進めてもらえばよい．そのため，いわゆる文系や芸術系の学生も読み解くことはそう難しくはないだろう．近年データサイエンスの必要性が認識され，多くの大学のカリキュラムに導入されつつある．本書はデータサイエンスに欠かせないデータ可視化の参考書としても有用であろう．さらに，データ可視化への理解を深めたい大学院生や技術者にも読んでほしい．

授業への利用を想定して，全体を 15 章にまとめたが，残念ながら各章の長さを揃えることはできなかった．授業に利用される際には多少取捨選択して，視覚的表現の制作課題などを折り混ぜることをお勧めする．

2021 年 3 月

三末和男

# 目 次

### 本書でよく使う記号

| 記号 | データの種類 |
|---|---|
| $Q$ | 量的データ |
| $Q_s$ | 量的逐次データ |
| $Q_d$ | 量的分岐データ |
| $C$ | 質的データ（$N$, $O$） |
| $N$ | 名義データ |
| $O$ | 順序データ |

| 記号 | データの種類 |
|---|---|
| $D$ | 離散データ（$C$, $Z$） |
| $Z$ | 離散数値データ |
| $T$ | 時刻データ |
| $L$ | 地理データ |
| $L_p$ | 地理データ（地点） |
| $L_a$ | 地理データ（領域） |

| 記号 | データの種類 |
|---|---|
| $R$ | 階級 |
| $X$ | 抽象的な表現 |
| $U$ | 抽象的な表現（構造的なデータ） |

# 情報可視化の概観

「可視化」は日常的にも使用される言葉である．そのため，「可視化」に対する読者のイメージはさまざまであろう．そこで，本書でいうところの「可視化」をいくつかの観点から説明することで，情報可視化とは何かを明確にしておこう．

## 1.1 可視化と視覚的表現

本書には「可視化」や「視覚的表現」という言葉が頻出する．これらの言葉は場面によって違う意味で用いられることも多いため，まず，本書での「可視化」と「視覚的表現」という言葉の意味を明確にしておこう．

### 「可視化」とは

可視化（visualization）とは，我々人間が見ることのできないものを「見えるようにする」ことである．見えないものを見えるようにする技術は，主として光学の分野に端を発し，さまざまに発展してきた．小さくて見えないものを見えるようにする顕微鏡や，遠くて見えないものを見えるようにする望遠鏡などは，そのような技術の発端といえる．可視化は，見えないものを見えるようにするという点では，そのような技術の流れを汲む．ただし，光学技術ではなく，情報技術を利用する．

可視化は，別の視点では，人間の知的活動を支援するためにデータや情報を視覚的に表現することといえる．その特徴は，人間の視覚的な能力を活用すること，大規模で複雑なデータや情報を扱うためにコンピュータを活用すること，さらには，視覚的な表現を通して対話的に表現を変えたり，データを操作したりできることである．

「可視化」という言葉は，分野によっては，データとして記録する，あるいは記録を公開するというような意味でも使われている．しかしながら，本書では情報技術を利用してデータや情報を見えるものにするという意味で使用する．

## 「視覚的表現」とは

見ることができるものとはどのようなものだろうか．素朴な考え方としては，視覚を通して知覚できる表現，つまり光を媒体として利用する表現ということになろう．しかしながら，ここでいう「**視覚的表現**」とは，単に目で見えるものではないとする．

ある事がらに関して賛否を調査したとしよう．図 1.1(a)と(b)はその調査結果[†]を表したものである．読者はどちらの表現も目を通して見ている．つまり，これらの表現が表している情報を視覚的に獲得していることは間違いない．しかしながら，本書では図 1.1(a)ではなく，図 1.1(b)のような表現を視覚的表現とよぶことにする．

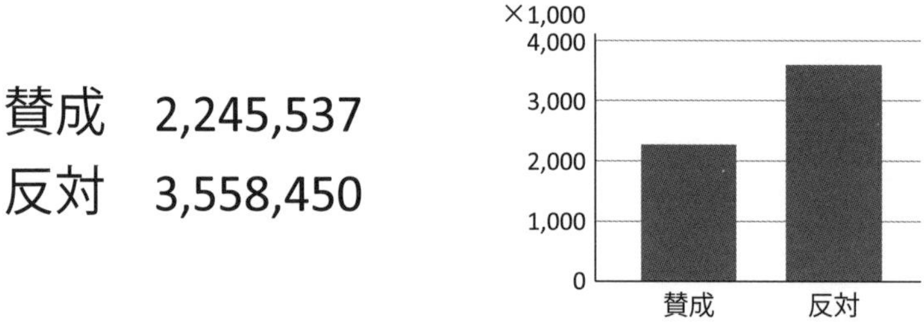
賛成 2,245,537
反対 3,558,450
×1,000
4,000
3,000
2,000
1,000
0
賛成
反対

(a) 文字による表現　　(b) 図形による表現

図 1.1　**ある調査の結果**

これらの違いは何であろうか．図 1.1(a)では，情報，この場合には賛成者数と反対者数が数字で表されている．いま知りたいのはどの程度の賛成と反対があるのかという「量」だとすると，この表現を見た人は，数字の列を読んで量として解釈する必要がある．その一方で，図 1.1(b)では，長方形の長さによって量を表しているため，その長方形を見るだけで量を把握することができる．

視覚的表現とは，言語的な解釈なしに直接的に情報を読み取れる表現ということができる．多くの場合，文字や数字による補助は必要とするものの，重要な情報は図形などによって表現され，文字や数字を意識することなしに，主要な情報を読み取ることができる．

† 2015 年ギリシア国民投票の結果．ギリシアへの金融支援の条件をめぐって実施された．

# 1.2 🎨 視覚的に表現することの意義

　本書では，可視化とはデータを視覚的に表現することとしているが，では，なぜデータを視覚的に表現するのだろうか．視覚的表現を利用することの意義を，具体例を交えて説明しよう．

## 🎨 視覚的表現への期待

　情報洪水や情報爆発という言葉で表現されるように，我々の身のまわりはデータで溢れている．インターネット，さらには IoT† などが普及したことで，膨大なデータが利用できるようになり，それらは**ビッグデータ**（big data）とよばれている．そのようなデータの中には知識とよべる宝が含まれている可能性がある．**データサイエンス**（data seience）は，データから有益な知識を取り出すことを目指す学際的な学問分野である．数学や統計学をはじめ，データベース，データマイニング，機械学習などの情報技術に関係し，可視化も重要な技術として注目されている．

　可視化が注目される要因は，人間の視覚的な認知能力に関係する．データが膨大になっても，我々人間が文字や数字を通して情報を獲得する速度は大昔からそれほど変化していないと考えられる．しかしながら幸運なことに，人間の視覚的な認知能力は非常に優れている．適切な視覚的表現を用意すれば，文字や数字による表現よりもはるかに高速にデータの特徴を把握できる．つまり，視覚的表現およびそれを利用する可視化技術は，膨大なデータの活用を促進し，情報洪水や情報爆発への対策として期待できる．

## 🎨 視覚的表現の効果

　視覚的に表現することの効果をうまく説明するデータがある．統計学者 Anscombe が 1973 年に作成したもので[8]，**アンスコムの四つ組**（Anscombe's quartet）とよばれている．表 1.1 のように 4 組のデータがある．

　各組ともデータ項目は 2 次元で，$\{(x_1, y_1), (x_2, y_2), \cdots, (x_{11}, y_{11})\}$ のように 11 個ある．これらが何かの実験結果だとすると，結果を考察する際に，平均や分散などの統計量を求めようとするかもしれない．これらのデータではどの組でも，$x$ の平均は 9.0，$y$ の平均は 7.5 で同じである．それぞれの分散も同じであり，$x$ と $y$ の相関係数も同じで

---

† internet of things：モノのインターネット．

表 1.1 アンスコムの四つ組

| I | | II | | III | | IV | |
|---|---|---|---|---|---|---|---|
| x | y | x | y | x | y | x | y |
| 10.0 | 8.04 | 10.0 | 9.14 | 10.0 | 7.46 | 8.0 | 6.58 |
| 8.0 | 6.95 | 8.0 | 8.14 | 8.0 | 6.77 | 8.0 | 5.76 |
| 13.0 | 7.58 | 13.0 | 8.74 | 13.0 | 12.74 | 8.0 | 7.71 |
| 9.0 | 8.81 | 9.0 | 8.77 | 9.0 | 7.11 | 8.0 | 8.84 |
| 11.0 | 8.33 | 11.0 | 9.26 | 11.0 | 7.81 | 8.0 | 8.47 |
| 14.0 | 9.96 | 14.0 | 8.10 | 14.0 | 8.84 | 8.0 | 7.04 |
| 6.0 | 7.24 | 6.0 | 6.13 | 6.0 | 6.08 | 8.0 | 5.25 |
| 4.0 | 4.26 | 4.0 | 3.10 | 4.0 | 5.39 | 19.0 | 12.50 |
| 12.0 | 10.84 | 12.0 | 9.13 | 12.0 | 8.15 | 8.0 | 5.56 |
| 7.0 | 4.82 | 7.0 | 7.26 | 7.0 | 6.42 | 8.0 | 7.91 |
| 5.0 | 5.68 | 5.0 | 4.74 | 5.0 | 5.73 | 8.0 | 6.89 |

ある．さらには，$x$ と $y$ の関係を表す回帰直線も $y = 0.5x + 3$ となり，どの組も同じである．これらの統計量だけに着目すると，この 4 組のデータは同じ特徴を備えているとみなしてしまいそうである．

　図 1.2 は 4 組のデータそれぞれを散布図（8.2 節参照）で可視化したものである．これらを見ると一目でそれぞれのデータの特徴がわかる．統計量からはすべての組が同じ特徴を備えているように見えるが，散布図からは 4 組のデータの明らかな違いがすぐに読み取れる．人工的に作成されたこのデータは，データを視覚的に表現することの効果をうまく示している．

　ここで，あらためて図 1.1 の (a) と (b) を見てみよう．得票数を正確に知りたいのであれば，数字による表現のほうが適している．つまり，視覚的表現を用いる意義は，数を必ずしも正確に把握することではない．もちろん正確に表現できればそれに越したことはないが，数の正確さを犠牲にしてでも表現したい情報があるということである．たとえば，図 1.1(b) からは，賛成が反対のおおよそ 2/3 であることが容易に読み取れる．表 1.1 も同じである．個々の数を正確に把握したいのであれば，表のほうが適している．しかしながら，図 1.2 のような視覚的表現で表すことで，より高次の情報，ここでは二つの変量の関係を容易に把握できる．

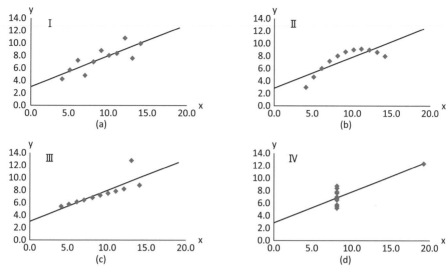

図 1.2 散布図で可視化したアンスコムの四つ組（斜めの直線は回帰直線）

## 表現による理解の順序の違い

　記述言語は文字による表現であり，視覚的表現とは異なる特徴を備えている．記述言語と視覚的表現とでは，それらの表現する情報がほぼ同じであっても，読み手が理解する順序はまったく異なるといってよい．そのことが，視覚的表現の優位性であり，視覚的表現を記述言語と併用する意義でもある．

　図 1.3(a) の文を読んでほしい．これは 2000 年に発表されたウェブの構造に関する研究論文[†]によって明らかにされた情報である．すでに長い年月が経っているため，ウェブの構造も当時とだいぶ変わっているだろうが，そのこと自体はここでは問題ではない．

　図 1.3(b) は，同じ情報を表す図である．ここで注意してほしいのは，理解の順序である．記述言語による説明を読んだときには，「ウェブは」，「… その約 1/4 が」，「… 密に結合した」，「… 中核をなしている」，「…，さらに別の」というように段々と理解が進んだはずである．それに対して，視覚的表現による説明を見たときにはどうだっただろうか．文字や，細い図形はともかく，まずは大きな蝶ネクタイ形が目に入ったのではないだろうか．その後，細い図形や，文字に注意を向けることで，詳しい情報や細かい情報が理解できたはずである．

---

† A. Broder et al., "Graph structure in the Web", Computer Networks, vol. 33, no. 1, pp. 309-320, 2000.

ウェブはその約 1/4 が密に結合した中核
をなしている．さらに別の約 1/4 からは
その核に向かって入るだけ，さらに別の
約 1/4 はその核から出るだけである．そ
してそれ以外の約 1/4 はそれぞれに対し
てヒゲのような存在である．このように，
ウェブの構造は大きく四つの部分に分け
られる．

(a) 記述言語による説明

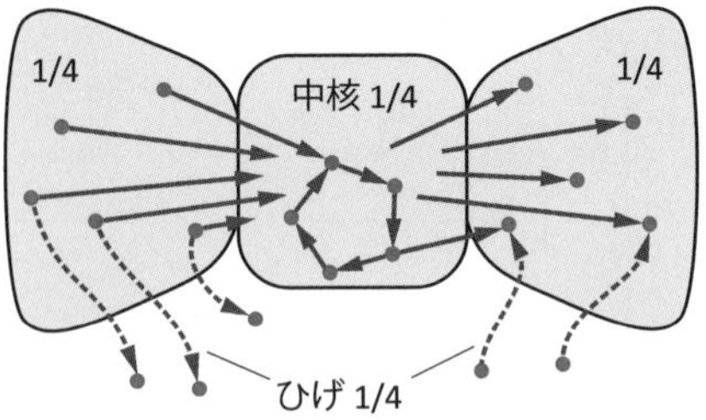

(b) 視覚的表現による説明

図 1.3　ウェブの構造の説明

　記述言語で書かれた文を読むときには，文字→単語→文→文章というように理解が進
むのに対して，視覚的表現の場合には，全体の概形→部分→詳細というように理解が進
む．もちろん文章を読み慣れた大人であれば，記述言語による表現であっても，1 文字
1 文字を意識せずに大きなかたまりで読んでいるに違いない．それでも，たくさんの文，
段落，節，章からなるような本を 1 冊理解するには，それなりの順序を経る必要がある[†1]．
それに対して，視覚的表現の場合には，概形ではあるがまず全体がわかり，その後で細
部の理解へと進むのである．

　記述言語と視覚的表現における理解の順序の違いは重要である．どちらがよいという
ことではなく，両方の利点をうまく利用することで，効率的に情報を伝達することが可
能になる．

# 1.3　可視化に関連する概念

　可視化の分類を通して，情報可視化の位置付けを明確にする．さらに，可視化に関連
する概念として，外部認知，情報デザイン，インフォグラフィクスを紹介する．

## 可視化の分類

　可視化は大きく分けると，可視化の対象によって科学的可視化と情報可視化に分類で
きる．研究分野という観点では，それらに視覚的分析が加わる[†2]．

---

[†1] 学術書や啓蒙書のような書籍は早い段階で全体の概要がわかるように工夫されている．

[†2] この分類は比較的わかりやすいが，近年ではその境界があいまいになりつつある．そのため，IEEE
reVISe 委員会では研究領域の見直しを進め，2021 年からは，エリア 1：理論と実践，エリア 2：応用，
エリア 3：システムとレンダリング，エリア 4：表現と対話，エリア 5：データ変換，エリア 6：ワーク
フローと意思決定という，六つのエリアに分けることを提唱している．

　科学的可視化（scientific visualization）は，大規模コンピュータによるシミュレーション技術などの発展を背景に，形や空間的な位置などがあらかじめ備わっているような物理的なデータを対象とする．物理シミュレーションをはじめとして，気象，医療，化学，生物学などさまざまな分野のデータが対象である．コンピュータグラフィクス（CG）技術を活用して表現に工夫を凝らすことで，より高度な現実感を提示しようとしている．

　情報可視化（information visualization）は，物理的な形や空間的な位置があらかじめ備わっていないような抽象的なデータを可視化の対象とする．たとえば，知識構造，人間関係，世の中の流行など対象データは多岐に渡る．そもそも形のないデータを対象にしているため，同じデータに対してもさまざまな異なる表現が利用される．現実感の提示よりも，対象情報を的確に表現することが重要である．情報可視化は科学的可視化よりも後発の研究分野である．初期には比較的単純な表現手法が用いられることが多かったが，CG技術などの利用により，複雑な表現も用いられるようになってきている．

　視覚的分析（visual analytics）は，可視化をデータ分析過程に融合することで，分析作業における人間とコンピュータの協調を目指すものである．情報可視化の応用分野の一つとして盛んに研究が行われている．視覚的分析の目的は，さまざまな情報源から集められた大量のデータに基づいて，ある問題に対する洞察を得ることである．そこでは，情報収集，データ処理，知識提示，意思決定などが繰り返し行われ，視覚的な対話型インタフェースが分析的な推論を支援するとともに促進する．

## 外部認知

　外部認知（external cognition）とは，思考を助けるために，頭の外の表現を利用することである．少し複雑なことを考えるときに，紙に文字や図を書くことは誰もがよく行うことであろう．思考過程において，このように頭の外で表現した文字や図を利用することが外部認知である．

　筆算は外部認知の代表といえる．1桁どうしのかけ算は暗記しているのですぐにできる．しかし，2桁どうしのかけ算になると暗算が難しくなる．簡単な計算の組み合わせであるが，途中過程を記憶しつつ1桁のかけ算を行うことが簡単ではないからである．計算の途中過程の記憶を頭の外に出したものが筆算である．筆算という外部認知によって大きな数どうしのかけ算も簡単に行える．

　データや情報を視覚的に表現したものも外部認知である．可視化はコンピュータを利用することでデータや情報を視覚的に表現し，外部認知とすることで人間の情報処理を

助けるものといえる.

## 🔵 情報デザイン

　情報デザイン（information design）は，情報を受け手にわかりやすく的確に提示するための手法である．情報デザインでは，情報をどのように整理して提示すれば，誤解なく効率的にまた効果的に伝達できるかを考える．情報は一般的に受け手によって理解の仕方が異なる．そのため，情報提供側の都合ではなく，受け手の読み取り方に配慮する必要がある．

　さまざまな情報デザインを手がけた Wurman は，情報の種類は無限にあるが，それらを整理する手段は5種類しかないといっている[9]．その5種類は表1.2に示した locaion（位置），alphabet（アルファベット順），time（時間），category（カテゴリ），そして hierarchy（序列）であり，それらの頭文字を取って LATCH とよばれる．

　なお，本書ではデータ構造の一つとして階層構造を扱う（第4章，第12章）が，Wurman のいう hierarchy はデータ構造の階層ではなく，順序データや量的データに相当する．

表 1.2　情報の整理の仕方 LATCH

| 手段 | 基準 | 例 |
|---|---|---|
| Location | 都道府県，観光名所，ものの部位など物理的な位置 | 地図，フロアマップ，脳の機能説明図 |
| Alphabet | アルファベット順，五十音順，数字順など言語的な順序 | 辞書，名簿，電話帳 |
| Time | 年，月，日，時，分など広い意味での時刻 | 年表，カレンダー，予定表 |
| Category | 分類やジャンルなどともよばれる共通する特徴 | 商品分類，図書分類，生物分類 |
| Hierarchy | 大小の比較ができる量 | 価格順，人気順 |

## 🔵 インフォグラフィクス

　インフォグラフィクス（infographics, information graphics）は，情報を視覚的に表現したものであり，その目的はさまざまな人に対して情報を素早くそして明確に伝えることである．インフォグラフィクスには，街中の標識，報道やビジネス現場で用いられるチャート，教育や啓蒙目的の図解などさまざまな形態が含まれる．

　インフォグラフィクスと情報可視化は非常に近い概念であり，共通する部分も多い．あえて違いに着目すると，情報可視化が，情報検索やデータ分析も目的とするのに対して，インフォグラフィクスのおもな目的は人への情報の伝達である．さらに，情報可視化が形式的に表現されたデータを対象とするのに対して，インフォグラフィクスでは知識や概念なども表現の対象に含まれる．また，情報可視化に比べると，インフォグラフィクスには芸術的要素が多く含まれているようである．ただし，このような境界もそのうちに見えなくなるかもしれない．

# 1.4 🎱 情報可視化の目的

　以降は情報可視化に焦点を合わせる．まず，その目的を明確にしておこう．情報可視化はさまざまな目的に用いられるが，そのおもなものは以下のように分類できる．

- プレゼンテーション
- 情報探索／モニタリング
- データ分析

## 🎱 プレゼンテーション

　第1の目的は**プレゼンテーション**である．より広く捉えれば，コミュニケーションである．送り手は伝えたいデータや情報を事前に知っており，そのデータや情報を伝えるための効率的で効果的なメディアとして視覚的表現を利用する．そのため，プレゼンテーションに利用する視覚的表現はできるだけ単純なほうがよい．一部の専門家だけが理解できるような特殊な表現は適さない．受け手が読み方の説明を受けることなしに読み取れることが望ましい．

## 🎱 情報探索／モニタリング

　第2の目的は**情報探索**（information seeking）あるいは**モニタリング**（monitoring）である．コンピュータあるいは機械から人に情報を伝えるために視覚的表現を使用する．データベースの検索結果を人間に効率的に伝えるため，コンピュータによるデータ処理の結果を理解させるため，あるいは機器の状況をわかりやすく提示するためなどに視覚的表現が使われる．

　情報を探すというよりも，変化するデータを監視し，異常な値や値の変化の仕方を把握する目的で，視覚的表現が用いられることも多い．このように逐次変化するデータを対象にする場合はモニタリングとよばれる．

## ● データ分析

　第3の目的は**データ分析**（data analysis）である．データ分析は，前提条件と得たい知見の種類によって，検証型（confirmatory analysis）と探索型（exploratory analysis）に分けることができる．検証型では，あらかじめ仮説が与えられており，データを分析することで，その仮説が正しいかどうか（データがその仮説に一致するかどうか）を検証する．探索型では，事前に仮説は与えられておらず，データを分析することで，仮説や知識（データに潜む規則や関係など）を探す．探索型は仮説発見型とよばれることもある．

　検証型分析には統計的（数値的）な分析が有効であることが多い．それに対して，探索型分析では，データを観察しながら加工するなどの試行錯誤が繰り返されることが多く，統計的な分析手法だけでは効率的な分析が行えない．そのため，探索型分析には可視化が併用されることが多い．

　このように，情報可視化のおもな目的は，プレゼンテーション，情報検索／モニタリング，データ分析の3種類に分類できる．どのような目的においても，受け手に有益な情報や知見を与えるために視覚的表現が用いられる†．

---

†　実際には，読み手をだますような視覚的表現が用いられることもあり，そのような手法を勧める書籍もあるが，筆者はそのような使い方には反対である．

# 1.5 ● 視覚的表現を用いる作業

　視覚的表現を設計するにあたっては，目的とともにその使われ方を明確にしておく必要がある．

## ● 視覚的情報探索のマントラ

　視覚的表現の使われ方は目的や対象によってそれぞれ異なるが，Shneiderman は基本的な原則を**視覚的情報探索のマントラ**（visual information seeking mantra）としてまとめることができるといっている[10]．そのマントラとは，

> Overview first, zoom and filter, then details-on-demand

というものである．すなわち，視覚的表現を利用する作業はおおむねつぎのように進められるということである．「まず全体を眺める．興味がある部分を拡大（ズーム）したり，逆に興味のない部分を除去（フィルタ）したりする．そして，必要に応じて着目すべき部分の詳細を見る．」

　1.2 節で説明したとおり，視覚的表現の理解の順序は記述言語とは異なり，全体から部分へと向かう．視覚的情報探索のマントラによると，作業は視覚的表現の理解の順序と同じ向きに進む．これはごく自然なことと考えられる．そして，このマントラは，視覚的表現を用いたソフトウェアを開発する際の設計指針として考慮すべきである．

## ● 視覚的分析のマントラ

　視覚的分析が情報可視化の一つの重要な応用分野であることはすでに述べた．視覚的分析では視覚的表現を利用してデータ分析を行うが，ただデータを視覚的に表現するだけではなく，分析的処理を積極的に活用する．そこで，Keim は視覚的情報探索のマントラを修正した**視覚的分析のマントラ**（visual analytics mantra）を提唱している[11]．視覚的分析のマントラとは，

> Analyse first – show the important – zoom, filter and analyse futher – details on demand

というものである．まず分析をして，さらに途中においても随時分析を行おうというものである．

# 1.6 🌑 可視化処理の参照モデル

　身長と体重の関係を可視化することを考えてみよう．たとえば，100人分の身長と体重のデータがあれば，身長を表す横軸と体重を表す縦軸を描き，身長と体重の値に従って点を配置することで，散布図を描くことができる．この場合にはデータが身長と体重の組として与えられており，すぐに散布図を描ける状態になっている．しかしながら，一般的にはデータが都合よく整理されているとは限らない．また視覚的表現についても，この例では散布図に描くことで満足できるかも知れないが，多くの場合，一つの表現で可視化の目的を達成できるとは限らない．情報可視化を構成する技術を議論するためには，処理の流れを一般的なモデルとして整理しておくと都合がよい．

## 🌑 参照モデル

　可視化処理の流れを一般化したものとして，図1.4に一つの**参照モデル**（reference model）を示す．このモデルでは，おおまかな処理はデータから視覚的表現を生成するという流れで行われるが，Stuart Cardらの参照モデル[7]に倣って，データと視覚的表現がそれぞれ細分化されている．

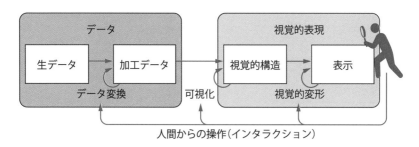

図 1.4　**可視化処理の参照モデル**

　データは生データと加工データに分けられている．生データは蓄積あるいは収集されたままのデータで，それをデータ変換したものが加工データである．加工データは可視化処理に適した形式になっている．

　視覚的表現は視覚的構造と観察に適した表示に分けられている．視覚的構造は加工データに基づいて生成したもので，2次元平面上（あるいは3次元空間内）に描かれた図である．これによってデータは視覚的に捉えることができるようになる．ただし，可視化の目的によっては，一部を拡大したり変形したりといった変換が必要となる場合が

ある．そのように目的に応じて変換を施すことで，観察に適した表示が得られる．

　表示は一つ作成して終わりではなく，多くの場合，別の部分を拡大したり，視点を変えたりして，異なる表示を繰り返し生成する．視覚的構造から作り直して別の形式の可視化を行うこともあるかもしれない．さらにはもっと上流にさかのぼり，異なるデータ変換を行うことで，同じ生データから異なる形式にデータを整理することもあろう．このように，一般的には可視化処理のあらゆる部分から処理を繰り返すことになる．

## モデルの具体化

　参照モデルは可視化処理の一つのモデルであるため，実際の処理においては，以下をそれぞれ具体的に検討する必要がある．

- どのような生データから，
- どのようにデータを変換し，
- どのような視覚的構造を作成し，
- どのように観察するか．

基本的にこれらは可視化の目的に応じて決められるものである．

## 演習課題

1.1　「情報可視化」とは何か，そしてその意義は何かについて説明しなさい．

1.2　数値の，数字による表現と棒の長さによる表現の違いについて説明しなさい．

1.3　図（視覚的表現）と文字（記述言語）による表現について，それらの違いを理解の順序の観点で説明しなさい．

1.4　視覚的情報探索のマントラを英語または日本語で書きなさい．

1.5　LATCH の L, A, T, C, H それぞれに基づいて整理された（本書でいうところの）視覚的表現の具体例を身のまわりから探しなさい．

# 視覚の性質

情報可視化の目的に共通することは，情報を人の視覚を通して伝達すること，その際に人の視覚的な認知能力を活用することである．そのため，情報可視化を理解するには，人の視覚の性質について理解しておくことも重要である．この章では，人の視覚の仕組みについて説明するとともに，情報可視化にとって重要な，前注意的処理とゲシュタルトの法則について説明する．

## 2.1 ◖ 視覚の仕組み

我々人間が周囲の世界から情報を得るための感覚機能には，視覚，聴覚，触覚，味覚，嗅覚などさまざまなものがあるが，このうち視覚は，あらゆる感覚の中でも，最も強力かつ効率的な機能と考えられている．その視覚には独特の性質があり，視覚の仕組みを理解することで，情報を視覚的に表現する際の規則として活用できる．

### ◖ 脳における視覚処理

視覚的な情報はまず光として人間に取り込まれる．瞳孔から入った光は眼球内にあるレンズを通過して網膜に到達する．網膜が光を検出し，それを神経信号に変換して脳に伝達する．脳には，**感覚記憶**（iconic memory, visual sensory register），**作業記憶**（working memory），**長期記憶**（long-term memory）の3種類の記憶領域がある．人間の視覚的な処理に関しては，感覚記憶と作業記憶について知っておくとよい．

### ◖ 感覚記憶

網膜からの情報は視神経を通って感覚記憶に送られる．その情報はすぐに作業記憶に送られるが，その前に感覚記憶で高速に処理される．ここでの処理は**前注意的処理**（pre-attentive processing）とよばれ，自動的に無意識のうちに行われることが特徴で

ある．前注意的処理は極めて高速な処理であり，物体の位置や色などの「属性」を検出する．我々には，それらの属性をもつものが，ときには飛び出して見える．このことは**ポップアウト効果**（pop out）とよばれ，視覚的表現の設計において重要な役目を担う．たとえば，いくつかの項目からなるグループを区別したり，特定の項目を目立たせたりするために使える．

### 作業記憶

作業記憶での処理は，感覚記憶で行われる前注意的処理とは違い，**意識的**（attentive）に行われる．視覚的な情報は感覚記憶から作業記憶へ移され，その一部が**チャンク**（chunk）とよばれる視覚的なかたまりへと統合される．作業記憶での保持も一時的である．容量にも制限があり，一度に 3 ～ 4 個のチャンクしか保存できない．

視覚的表現を見る人が一度に少しのチャンクしか保持できないということは，視覚的表現を設計する際に注意すべき性質である．たとえば，地図上にさまざまな記号を配置することを考えよう．数十種類のデータを表すために，区別できる記号を用意することはそれほど難しくない．ただし，記号の意味は凡例で説明することになる．記号と意味の間に規則性がなければ，地図の読み手は何度も凡例を見返すことになるだろう．個々の記号がチャンクとなり，作業記憶の容量を超えるからである．

その一方で，まとまりのあるパターンを構成することによって，大量のデータでも一つのチャンクに統合することはできる．表 1.1(p.4) のようなたくさんの数字を作業記憶に保持することは難しいが，図 1.2(p.5) のようなチャートであればまとまりのあるチャンクとして記憶できる．

## 2.2 ◖ 前注意的処理

前注意的処理という名称を知らなくても，前注意的処理の効果は誰もがすでに経験しているはずである．図 2.1(a)と(b)は数字の列の中にアルファベットの「P」が混ざっている．紙面レイアウトの都合で両方が同時に見えるため，右側の図（図 2.1(b)）から「P」の位置はすぐにわかるだろう．これが前注意的処理によって引き起こされるポップアウトの効果である．

図 2.1(a)で「P」を探すとしたら，おそらく左上から順に「P」という文字を探すだろう．つまり，意識して「P」の探索を行うはずである．それに対して，図 2.1(b)では，無意識のうちに「P」のほうから目に飛び込んできたはずである．つまり，前注意的処

| | |
|---|---|
| 14159265358979323846 | 14159265358979323846 |
| 264338327P5028841P71 | 264338327P5028841P71 |
| 693P9375105820974944 | 693**P**9375105820974944 |
| 592307816406286208P9 | 592307816406286208**P**9 |
| 86280348253421170679 | 86280348253421170679 |
| 82148086513282306647 | 82148086513282306647 |
| 0P384460955058223172 | 0**P**384460955058223172 |
| (a) | (b) |

図 2.1 ポップアウト効果の例

理が行われたのである.

　もっと数字や文字が多くなってもポップアウト効果は得られる. つまり, 大量のデータを一度に処理できるということである†. 前注意的処理は無意識的であることにも注意する必要がある. 意識することなしに読み手の目に飛び込んでくるため, 意識的にでも「見ないこと」が難しい.

## 🔵 前注意的視覚属性

　さまざまな**視覚属性**（visual attribute）にポップアウト効果があることがわかっている. それらは, 形態, 色, 位置, 動きに分類することができる.

- **形態**　向き, 線長, 線幅, 大きさ, 形状, 曲率, 図形付加, 囲み
- **色**　色相, 明度
- **位置**　2次元平面上の位置
- **動き**　点滅, 方向

　明度による効果は図 2.1(b) で紹介した. 多くのグレーの数字中に明度の低い「P」が紛れ込んでいることで,「P」が飛び出して見えた. 図 2.2 に形や位置によるポップアウトの効果の例を示す. 動きは紙面で紹介できないが, 静的な図形群の中に点滅する図形がある, 一方向に動く図形群の中に違う方向に動く図形がある, 同一速度で動く図形群の中に違う速度の図形があるなどの場合にポップアウト効果が見られる. 動きには非常に大きな効果があり, 動かなければ気付かないものが少し動いただけで気付くのも,

---

† 一方で, 図の大きさが大きくなると, 視線の移動に多少の時間を要することもある. しかし, それでも視野の中心部に入れば, 意識することなしに一瞬で目に飛び込んでくる.

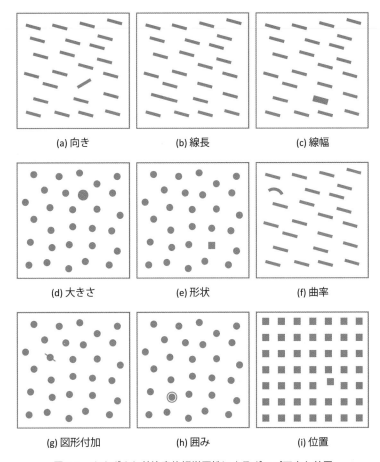

(a) 向き　　　(b) 線長　　　(c) 線幅

(d) 大きさ　　(e) 形状　　　(f) 曲率

(g) 図形付加　(h) 囲み　　　(i) 位置

図 2.2　さまざまな前注意的視覚属性によるポップアウト効果

前注意的処理によるポップアウト効果による[†].

---

[†] ポップアウト効果は視線を奪う. つまり, ポップアウト効果のある図形などが視界に入ると, それに無意識に着目してしまう. プレゼンテーションに使うレーザーポインタは動きを伴うことで強いポップアウト効果がある. これは半ば強制的に聴衆の視線を奪う. したがって, 着目してほしい部分に光を当てなければならない. ところが, レーザーポインタをむやみに動かして, 視線を逸らさせている人をしばしば見かける. これではせっかくのポインタが効果を発揮していないだけではなく, プレゼンテーションの邪魔をしている.

## 前注意的視覚属性の制限

ポップアウト効果は，さまざまな視覚属性によって生じる．異なる視覚属性を組み合わせられると便利であろう．たとえば，ある変量 $x$ を色で表し，別のある変量 $y$ を形状で表したときに，$x$ がある値であり，かつ $y$ がある値であるものだけが目に飛び込むと，視覚的に AND 検索ができる．しかし，残念ながら，そのようなことはできない．2 種類の視覚属性を組み合わせるとポップアウト効果が消えるからである．

図 2.3 では，黒とグレーの図形と，円と四角の図形が混在している．それぞれほかとは異なる組み合わせの図形が一つだけあるのだが，目に飛び込んではこない．

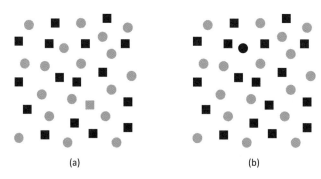

(a)                    (b)

図 2.3　2 種類の視覚属性の組み合わせ

## 2.3 ◉ ゲシュタルトの法則

ゲシュタルトとはドイツ語で形（形態）を意味する．**ゲシュタルトの法則**（gestalt laws）とは，人間が形を知覚するときの法則性を見出して整理したものである[†]．ゲシュタルトの法則として整理された要因（ゲシュタルト要因）にはさまざまなものがある．ここでは，情報可視化で使われる代表的なものを紹介する．

## 近接の要因（proximity）

複数のものが近くに集まっていると，我々はそれらがグループを構成するとみなす傾

---

[†] ゲシュタルト心理学（Gestalt psychology）：人間の精神を部分や要素の集合として捉えるのではなく，全体性や構造を重要視すべきとした心理学の一学派．

向にある．図 2.4 は近接の要因がはたらく例である．図 2.4 の (a) と (b) のどちらも，点が三つのグループに分かれて見えるはずである．

図 2.4　近接の要因がはたらく様子

## 類同の要因（similarity）

　図形の形状や大きさ，色，向きなど，視覚的な属性が類似しているものがあると，我々はそれらがグループを構成するとみなす傾向にある．グループの数が少しで，視覚的な属性の違いが顕著であるほどその効果は強くはたらく．図 2.5 は類同の要因がはたらく例である．(a) は塗りつぶした丸か白丸かで，(b) は丸か四角かでグループを構成しているように見えるだろう．

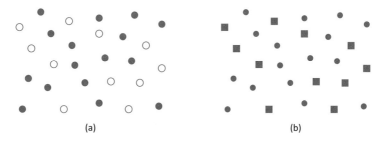

図 2.5　類同の要因がはたらく様子

## 連結の要因（connection）

　図形が線で連結されていると，我々はそれらの間に何らかの関係があるものとみなす傾向にある．図 2.6 は連結の要因を説明した図である．連結の要因は，近接の要因や類同の要因よりも強くはたらく．

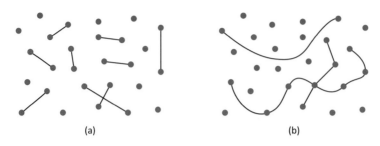

図 2.6　連結の要因がはたらく様子

## 連続の要因（continuity）

　我々は，なめらかで連続的に並んで見えるものが一つのかたまりを構成しているとみ
なす傾向にある．図 2.7 は連続の要因を説明した図である．いくつかの点が直線上ある
いは曲線上に並ぶことで，それらが一体となって見える．

図 2.7　連続の要因がはたらく様子

## 閉合の要因（closure）

　我々は，単純な閉じた形状を見つけ出す傾向にある．一部が欠落していたり断続的で
あったりしても，ない部分を補って見る．図 2.8 は閉合の要因を説明した図である．図

図 2.8　閉合の要因がはたらく様子

2.8(a)では，一部が欠けていても三角形だと認識する．図2.8(b)では，閉合の要因と連続の要因がはたらくことで，描かれていない境界線もあるかのように見える．

## 🌑 包囲の要因（enclosure）

　我々は，いくつかのものが面の内部に含まれていると，それらがあるグループに属しているように見る傾向がある．図2.9は包囲の要因を説明した図である．図2.9(a)では，閉曲線に囲まれた点がある同じグループに属しているように見える．さらに塗りつぶされた面の内部も同様の効果がある．図2.9(b)では，長方形が重なる場合には，前面の長方形のほうが強くはたらいていることがわかる．

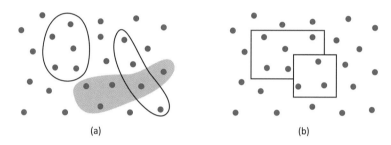

(a)　　　　　　　　　　　　　　　(b)

図2.9　包囲の要因がはたらく様子

## 🌑 効果の強さの違い

　これまで説明したように，位置的に近いものは同じグループに属しているように見える（近接の要因）．似た視覚属性をもつものも同じグループに属しているように見える（類同の要因）．さらに，同じ面内に配置されたものは同じグループに属しているように見える（包囲の要因）．また，線でつながっているものの間には関係があるように見える（連結の要因）．このように，ゲシュタルト要因のいくつかは，ものがグループを構成する，あるいはものの間に関係があるような印象を与える．これらの要因は同時にはたらくこともある．たとえば，同じ色のものを近くに集めることで，近接の要因と類同の要因が同時にはたらく．結果的には，効果が増強されることになる．複数の要因が異なるグループを表しているように見える場合には効果は増強されない．また，要因の間には強さの違いがあり，下のような順序（右のものが強い）があると考えられる．

近接の要因／類同の要因 < 連結の要因 < 包囲の要因

## 演習課題

**2.1** 教科書の重要なところに蛍光ペンで線を引くことの効果を，視覚の性質の観点から説明しなさい．

**2.2** 視覚的表現において前注意的処理をどのように利用できるか，具体的な利用例を挙げて説明しなさい．

**2.3** 電化製品の操作パネルやウェブの画面デザインなどでゲシュタルト要因をうまく利用しているものを探しなさい．

**2.4** ある事柄についての賛成派／反対派と性別（男／女）のように，2種類の直交するグループ分けを，近接の要因と類同の要因を利用して表現する図を描きなさい．

**2.5** 図 1.2(b)に描かれた青い点を見たときにはたらくゲシュタルト要因は何か答えなさい．

# 3 色

色は情報可視化において重要な役割を果たす．視覚的表現を構成する図形の形状や位置とは独立に設定でき，画面の1ピクセル（画素）ごとにでも割り当てることができるなど，便利な性質を備えている．色の性質は視覚の性質とも密接に関係するが，本書では独立した章を設けて，色の性質を説明する．なお，色についてさらに詳しく学びたい読者には，篠田・藤枝『色彩工学入門』[12]などをお勧めする．

## 3.1 ● 目の構造と色覚

まず，人間がどのような仕組みで色を認識するかを見ておこう．

### ● 三原色と混色

よく知られているとおり，適当な3色をさまざまな比率で混ぜることで多様な色を作ることができる．その元となる3色を三原色とよぶ．色の混ぜ方には加法混色と減法混色の2種類があり，元となる3色も異なる．図3.1は三原色による加法混色と減法混色を表したものである．

**加法混色**とは，光による混色である．加法混色の三原色は赤（red），緑（green），青（blue）である．テレビやPCのディスプレイは赤，緑，青の小さい点を発光させて，加法混色によってさまざまな色を合成している．赤，緑，青の3色をすべて混ぜ合わせると白になる．逆に，赤も緑も青も発光していない状態が黒で，これが表現可能な最も暗い黒になる．

**減法混色**とは，いわゆる絵の具の混色である．減法混色の三原色として広く用いられるのが，シアン（cyan），マゼンタ（magenta），黄（yellow）である．これらをすべて混ぜると黒になる．カラープリンタでは減法混色によって色を合成している．どのインクも塗っていない状態が白である．つまり，紙の色が表現可能な最も明るい白というこ

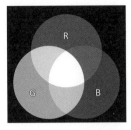 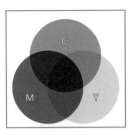

(a) RGB による加法混色  　　(b) CMY による減法混色

図 3.1 三原色および混色（カラー図版も参照）

とになる．読者の中には，赤，黄，青の絵の具を混ぜてさまざまな色を作った経験がある人もいるだろう．この場合は，赤（red），黄（yellow），青（blue）が三原色である．ただし，プリンタで使用する三原色（シアン，マゼンタ，黄）とは違い，作れる色の範囲が狭い．

## 目の構造

なぜ3種類の色を組み合わせることで，さまざまな色を作ることができるのだろうか．このことは人間の目の構造に由来する．

網膜は，**桿体視細胞**（rod）と**錐体視細胞**（cone）とよばれる数多くの神経細胞で覆われている．桿体視細胞と錐体視細胞では光学的特性が異なる．桿体視細胞は薄暗い光の検知に特化しており，白黒を検知する．錐体視細胞は明るい光に特化しており，色を検知する．錐体視細胞はさらに3種類に分類できる．可視光はおおよそ400 nmから800 nmあたりの波長の電磁波である．3種類の錐体視細胞はそれぞれある帯域の光（電磁波）に強く反応し，その波長の範囲の短いほうから，S(short)，M(medium)，L(long)として区別されている．

桿体視細胞と錐体視細胞は検出した光を神経信号へと変換する．この信号は視神経を通って脳に伝達され，脳で認知的処理が行われる．

## 三色説

人間の色覚について，Young と von Helmholtz は19世紀のはじめに**三色説**（trichromatic theory）を提唱した．目の構造が現在のようには明らかになっていない時代に，目には短波長（青），中波長（緑），長波長（赤）にそれぞれ対応する3種類の受

容体があることを推測し，その反応値によって色が識別されると主張した．

3種類の受容体とはすなわち3種類の錐体視細胞であり，我々の脳はS，M，Lそれぞれの錐体視細胞からの信号の強度に基づいて色を見ている．3種類の錐体視細胞S，M，Lへの刺激が同じであれば，スペクトル（波長ごとの強度の分布）が異なっていても同じ色に見える．このことは色を三つの値で表せることを意味している．すなわち，適切な三原色を選べば，それらを種々の割合で混ぜ合わせることでさまざまな色を合成できる．

## 反対色説

Heringは19世紀後半に，経験的な色の見え方に基づいて**反対色説**（opponent-process theory）を提唱した．色には基本的な6色（赤，緑，黄，青，白，黒）があり，（赤，緑），（黄，青），（白，黒）のように反対の色の組になっているというものである．三色説では黄が赤と緑の合成色であるとするが，黄をいくら見ても赤と緑が感じられないことから黄は基本色であるとするとともに，三色説では色残像が説明できないと主張した．反対色には中間色がなく，色のよび方にもその性質が現れている．たとえば，黄緑（yellowish green）や青緑（greenish blue）というよび方があるように，黄と緑，青と緑には中間色が存在するのに対して，黄青（yellowish blue）や赤緑（reddish green）というよび方はない．

## 段階説

三色説と反対色説は相容れないように思えるが，それらを統合する**段階説**によってそれらの関係を説明できる．反対色が錐体視細胞によって区別できることは，以下のように説明できる（図3.2参照）．LとMの反応の差で赤と緑の区別ができ，L+MとSの反応の差で黄と青が区別できる．白と黒は，桿体視細胞と全種類の錐体視細胞[†]の反応によって区別できる．つまり，反対色は区別しやすい色の組だということができる．

## 色覚異常

**色覚異常**とは，多くの人の平均的な色覚とは異なる色覚である．これは錐体視細胞の

---

[†] Sの反応は弱いため，実際には白と黒の区別にはほとんど寄与しないらしい．

一部または全部が欠損しているか機能低下していることによる．欠損あるいは機能低下の種類はさまざまであるが，色覚異常の中ではLまたはMがない人が多い．図3.2からもわかるように，LとMの反応の差によって赤と緑を識別するため，LまたはMがない人は，赤と緑の区別に困難が生じる．

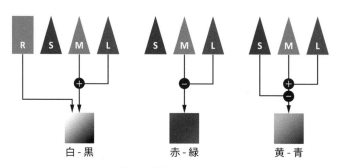

図3.2　**段階説の説明図**（カラー図版も参照）

## 3.2 🎨 色の見え方の性質

色の見え方の仕組みを錐体視細胞の反応によって説明した．ただし，実際の見え方についてはさらに注意すべきことがある．ここで説明することは，日常生活において多くの人が気付いているだろうが，視覚的表現を設計する際にはあらためて意識するとよい．

### 🎨 色の三属性

さまざまな色は三原色で表現できるが，三原色以外に色を表現する属性がある．

- **色相（hue）**　いわゆる色合いあるいは色調．虹の七色と称される赤，橙，黄，緑，青，藍，紫は色相に付けられた名前である．
- **彩度（saturation, chroma）**　色の鮮やかさ．彩度が高くなると色は鮮やかになり，低くなると鮮やかさが薄れ灰色に近いくすんだ色になる．
- **明度（brightness, lightness, value）**　色の明るさ．明度が低くなると黒に近づく．彩度が最も低く，明度が最も高い色が白である．

図3.3は三属性を説明したものである．色相は図3.3（a）のような環で表現することが多い．図3.3（b）は彩度の異なる青を，左から右へ彩度が低くなるように並べたもの

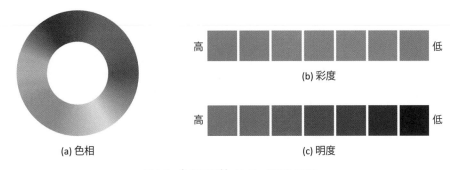

(a) 色相

(b) 彩度

(c) 明度

図 3.3 **色の三属性**（カラー図版も参照）

である．右端は彩度が最低のグレーになっている．図 3.3(c) は明度の異なる青を，左から右へ明度が低くなるように並べたものである．右端は明度が最低の黒になっている．

なお，本書は 2 色刷りのため，色相による表現に制約がある．色相が青しか使用できないため，図によっては青以外の色相の代りとしてグレーを使用している．グレーは無彩色であるため，本来の色相による表現とは異なることに注意してほしい．

## コンテキストの影響

人は絶対的な明るさを見ていない．昼と夜では同じ明るさのものを見ても印象が異なることがある．昼はそれほど明るく見えないものが，夜は眩しく感じることがある．つまり，同じ明るさの光でもコンテキスト（まわりの状況）によって感じ方が異なる．図 3.4 ではさまざまな明さのグレーの正方形が敷き詰められている．真中の行の左から 2 番目と右から 2 番目の正方形はどのように見えるだろうか．実際にこれら二つの正方形はどちらも同じグレーで描かれている．違いはまわりを囲む正方形の明るさである．

明るさだけでなく，見える色も周囲の影響を受ける．同じ色であっても周囲の状況によって違う色に見えることがある．

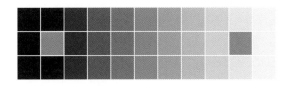

図 3.4 **コンテキストによるグレーの見え方の違い**

## 大きさの影響

　色の見え方は着色する図形の大きさからも影響を受ける．十分に広い領域が着色されていれば色をきちんと識別できるが，小さい領域では色の識別が難しい．そのため，小さい図形に着色する場合には彩度が高い色を使うのがよい．逆に，広い領域を着色する場合には彩度を控え目にした薄めの色がよい．

## コントラストの影響

　色の区別のしやすさはコントラストの影響が大きい．図3.5は文字の色は変えずに，背景の明度を変えたものである．色相という点では同じであるが，背景とのコントラストによって読みやすさが大きく異なることがわかるだろう．文字を明瞭に見せるには，明るい背景には暗い文字を使い，暗い背景には明い文字を使うことで，背景と文字のコントラストを高める必要がある．

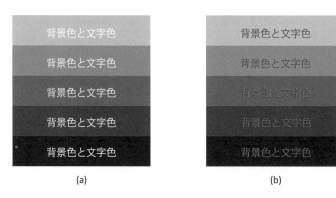

図3.5　**コントラストによる色の見え方の違い**（カラー図版も参照）

## 色の与える印象

　色によって与える印象が異なる．彩度が低めの色は，落ち着いた印象を与える．彩度が高い色は強い印象を与え，我々の注意を引きつける．彩度が高い色は刺激的であるため，一部を目立たせるために使うべきである．その他の多くの部分の表現には彩度が低めの色が適している．

　Few は，大きさの影響も考慮して，彩度の異なる3種類のカラーパレットを使い分けることを推奨している[13]．背景や棒グラフの棒など比較的広い面を塗るときには彩

度が低めのパレットから色を選び，散布図上の点のような小さい図形には彩度が中ぐらいのパレットから色を選ぶとよい．彩度が高めのパレットは特定部分を目立たせるような場合に利用する．

## 色覚異常者への配慮

　色覚異常者による色の見え方は，欠損している錐体視細胞の種類によって異なる．視覚的表現に色を使用する際には，そのような人への配慮も必要である．つまり，重要な情報を色相の違いで表現することは避けるべきである．色相以外でも情報を読み取れるような表現を設計することが望ましい．

**Column**　　色空間

　ウェブページの制作やプログラミングなどで色を扱う際には「#00A0CD」のように色を16進数で表すことが多い．これは加法混色の三原色である，赤（red），緑（green），青（blue）のそれぞれを混ぜる割合を1 byte（$00_{(16)}$〜$FF_{(16)}$）で表したものである．三つの値で表され，色全体が3次元空間を構成すると考えられるため RGB 色空間とよばれる．色の三属性である，色相，彩度，明度の三属性でも色空間を構成できる．色の三属性を利用した色空間には HSV 色空間（HSB 色空間）などがある．RGB 色空間は R，G，B が直交する立方体で表されるのに対して，HSV 色空間は，色相を環で表すと都合がよいことから，円錐で表されることが多い．色相と明度は極座標系を構成し，色相(H)が底面の偏角に，彩度(S)が底面の動径に，明度(V)は底面に直交する軸に対応する．

　RGB 色空間にしても HSV 色空間にしても，色は3次元空間内の点で表される．情報可視化において色でデータを表す際には，色の差にも注意する必要がある．色は3次元空間内の点で表されることから，2色の間の距離（ユークリッド距離）を計算することができる．ただし，RGB 色空間や HSV 色空間で計算した色の距離は人間の感じる色の差に合っていないという問題がある．このような問題に対して，CIE1976L\*a\*b\* 均等色空間と CIE1976L\*u\*v\* 均等色空間は，3次元空間内の距離が人が感じる色の差を近似するように構成されている．それでもまだ人間の感じ方とは異なる部分があるため，さらにそれを補正するために CIEDE2000 色差式が作られている．ただし，CIEDE2000 は色空間ではなく，CIE1976L\*a\*b\* 均等色空間内での色の差の補正式である．

## 演習課題

3.1　色は，情報可視化において重要な役割を担うとともに，便利な視覚属性である．
色を用いて情報を表現するにあたり，都合がよい性質を二つ挙げなさい．

3.2　加法混色と減法混色のそれぞれにおける白と黒の表し方を説明しなさい．

3.3　人間が色を識別する仕組みを，錐体視細胞の特性によって説明しなさい．

3.4　色の三属性について説明しなさい．

3.5　適当な図を描いて，色の三属性によるポップアウト効果を試しなさい．

# **4** データ

可視化処理（p.12の図1.4）の起点はデータであり，生データをデータ変換することから始まる．ただし，データをただ視覚的表現へと変換すればよいというものではない．データはいくつかの観点で種類分けができ，その種類によって適切な表現手法が異なる．表現手法の選択を誤ると，情報がまったく伝わらなかったり，逆に誤解を与えてしまうことさえある．

## **4.1** ⬤ 値に着目したデータの分類

長さ，速さ，時刻，時間，電圧，周波数，温度，衣服のサイズ，商品番号，個数，背番号，国名，人口，性別など，データにはさまざまな種類がある．このようなデータはそれぞれの値の性質により分類できる．

### ⬤ 尺度水準

Stevens によって提唱された**尺度水準**（level of measurement）は，データをそれらが表現する値の性質（値に対して行える操作）に基づいて分類したものである[14]．表4.1は，尺度水準とそこで行える基本操作およびデータの例を示したものである．表の上側ほど高い水準になっている†．ただし，以下の説明は低い水準から行う．

**名義尺度**（nominal scale）で行える操作は，等しさの判定である．つまり，等しいか等しくないかの判断ができる．先に挙げた性別や国名は名義尺度のデータの例である．また，スポーツ選手の背番号も名義尺度である．背番号は数字で表されていても数値としての意味はなく，区別のために用いられる．同様に，企業が製品を区別するために用いる製品番号も名義尺度である．

**順序尺度**（ordinal scale）では，順序の判定ができる．大小関係の判定と考えてもよ

---

† 高い水準を下側に配置する書き方が多いが，本書では慣習による意味（6.2節）を重視して逆にした．

表 4.1　尺度水準

| 名称 | 基本操作 | 例 |
|---|---|---|
| 比例尺度 | 比の等しさの判定 | 温度（K），時間，質量，長さ |
| 間隔尺度 | 間隔の等しさの判定 | 温度（℃），時刻 |
| 順序尺度 | 大小関係の判定 | 映画のレイティング，衣服のサイズ |
| 名義尺度 | 等しさの判定 | 性別，背番号，商品番号 |

い．衣服のサイズを表す「L」，「M」，「S」は順序尺度である．サイズの間には，L＞M＞S という順序がある．

　**間隔尺度**（interval scale）では，間隔すなわち差の比較も可能である．摂氏で表現された温度は間隔尺度である．10℃ と 15℃ の差と，20℃ と 25℃ の差が等しいとか，20℃ と 30℃ の差は 10℃ と 15℃ の差の 2 倍であるというような比較ができる．ただし，20℃ は 10℃ の 2 倍であるというような比較はできない．

　**比例尺度**（ratio scale）になると，原点が定義され，値の間で何倍という比の計算ができる．熱力学温度（絶対温度）は絶対零度という原点が定められており，比例尺度である．50 K（ケルビン）は 5 K の 10 倍というような比較ができる．

　高い尺度水準は，低い水準の性質も含んでいる．そのため，高い尺度水準のデータでは低い水準で行える操作も適用できる．たとえば，順序尺度のデータでも等しさの判定は可能である．逆に，名義尺度のデータで順序を判定することはできない．

## 情報可視化におけるデータ分類

　ここでは，情報可視化技術に合わせたデータの分類を紹介する．まず，データは**質的データ**（qualitative data）と**量的データ**（quantitative data）に分けられる．質的データはさらに，**名義データ**（nominal data）と**順序データ**（ordinal data）に分けられる．名義データと順序データは，Stevens の尺度水準における名義尺度と順序尺度に対応している．ただし，順序尺度が名義尺度の性質も備えているのに対して，順序データは名義データを含まないとする．量的データはさらに，**離散数値データ**と**連続数値データ**に分けられる．離散数値データは整数値のように飛び飛びの値をとるようなデータであり，連続数値データは実数値のように連続的な値をとるようなデータである．質的データと離散数値データをまとめて**離散データ**とよぶことにする[†]．ここまでの分類は図 4.1

---

　[†] 質的データのことを離散データとよぶこともあるが，本書では，離散値をとる量的データも含めて「離散データ」とよぶことにする．

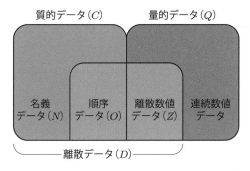

図 4.1 値によるデータの分類

のように表すことができる.

　量的データは,離散と連続という分類のほかに,比例尺度のデータとそれ以外(つまり間隔尺度のデータ)に分類できる[†1]. 比例尺度のデータはさらに,正と負の両方の値をとるようなデータと,正とゼロの値しかとらないデータに分類できる. これらは**分岐データ**(diverging data)と**逐次データ**(sequential data)とよぶこともある.

　データをこのように分類するのは,分類されたデータによって適した表現手法が異なるからである. また,いくつかの分類にまとめて対応できる表現手法もある. たとえば,値の適切な表現手法は,名義データ,順序データ,量的データによって異なる. その一方で,離散数値データには順序データと同じ表現手法が用いられることが多い. 名義データも含めた離散データは,並べることで値を表すことができる. それは位置を利用した表現ではあるが,連続数値データの表現とは異なる. 量的データの表現手法には,比例尺度のデータはうまく表現できるが,間隔尺度のデータには適さないものも多い. それらを間隔尺度のデータに用いると,誤解を生じる危険性がある.

## 階級（R）

　量的データを複数の範囲に分割したものを**階級**(range)とよぶ. たとえば,身長のデータを,100cm〜110cm, 110cm〜120cm, 120cm〜130cm, ... のようにいくつかの範囲に分割したものが階級である[†2]. 階級は順序があることから順序尺度のデータである. 数値ではないが,幅(範囲の大きさ)が均等であれば,差を定義できる. つまり,間隔尺度のデータとして扱うこともできる. これらのことから,離散データの表現手法

---

　†1 比例尺度のデータは間隔尺度の性質も備えるため,このような言い方をしている.
　†2 厳密には,たとえば,[100, 110), [110, 120), [120, 130), ... のように境界をどちらに含めるかを明示する必要がある.

を利用できるが，状況によっては，離散データとしてではなく，階級（範囲をもつデータ）であることが明確になるように表現すべきである．そのため，本書ではほかとは区別できるように，階級は「$R$」で表すことにする.

## ● LATCH の観点でのデータの分類

情報可視化が情報デザインの下位概念だと考えると，表 4.2 のように，情報の整理の仕方である LATCH に着目してデータを分類することは有用である．尺度水準がデータの性質に基づいた分類であるのに対して，こちらは意味的な観点での分類である.

表 4.2　LATCH に着目したデータの分類

| 手段 | データの種類（例） | 該当する尺度水準 |
|---|---|---|
| Location | 緯度・経度 | 比例尺度（2 変量，3 変量） |
| Alphabet | 単語，文書 | 名義尺度，順序尺度 |
| Time | 時刻，暦 | 間隔尺度 |
| Category | 質的データ | 名義尺度，順序尺度 |
| Hierarchy | 量的データ | 間隔尺度，比例尺度 |

C と H に関しては，それぞれ質的データと量的データと考えて問題ないだろう．L は，単に座標とみなせば比例尺度の 2 変量データと考えることができる．高度を含めれば 3 変量データとなろう．しかし，情報デザインの観点では，（たとえば地球上の）位置という物理的な意味をもつという点が重要である．第 1 章では，情報可視化が科学的可視化と違う点は，物理的な形や空間的な位置があらかじめ備わっていないようなデータを対象にすることだと述べた．地理データを対象にすることは，その説明に反しているように感じられるかもしれないが，情報可視化として考える場合には，地理データに関連付けられた別の抽象的なデータをいかに表現するかが課題となる．A や T も同様に該当する尺度水準のデータと考えることもできるが，A については言語的な意味があり，また T については物理的な「時刻」や「暦」に対応していることが重要である．したがって，情報デザインの観点からは，LAT に関しては該当する尺度水準のデータとして捉えるだけではなく，データの意味に合った扱いを考慮すべきである．そのため，可視化手法としては，地理データ，文書データ，時刻データのそれぞれに着目したものも多い.

## データの種類の記法

　本書では，データの種類を図 4.1 に示した文字で表す．量的データ（quantitative data）を「$Q$」，名義データ（nominal data）を「$N$」，順序データ（ordinal data）を「$O$」，離散データ（discrete data）を「$D$」と頭文字で表す．質的データ（qualitative data）はカテゴリデータ（categorical data）ともよばれるため，量的データと区別するために「$C$」で表すことにする．離散数値データは整数を表す文字「$Z$」で表す．量的データを細分化した際の，逐次データあるいは分岐データを明示する場合には，それぞれ逐次データには $Q_s$，分岐データには $Q_d$ のように添字を付けることにする．地理データ $L$ についても必要に応じて，地点を参照する場合には $L_p$，領域を参照する場合には $L_a$ のように添字を付ける．また，同じ種類のデータを区別するために適宜 $Q_1$, $Q_2$, ... のように添字を用いる．さらにデータの種類を抽象化する場合には $X$ を利用する．

## 4.2 構造に着目したデータの分類

　値だけが単独で存在することは稀で，ほとんどの場合に，何らかの構造をなす，あるいは何らかの構造と結びついている．情報可視化に用いられる視覚的表現の多くは，そのようなデータ構造に特化している．

## データ構造の種類

　データ構造は，図 4.2 に示すように，項目に付随するデータの構造という観点と，項目群が構成する構造という観点とで分類することができる．たとえば，人にはそれぞれその人のデータが付随している．その一方で，人は単に一つの集合を構成するだけでなく，社会においては組織の構成員として組織構造をなす．一般的には，いくつかの，ときには大量の項目があり，項目それぞれにデータが付随すると考える．そして，項目群は何らかの構造を構成していると考える．ただし，データ構造を一般化することは難しい．たとえば，後で述べるように，項目群が構成する構造自体に別のデータが付随することもある．

　ここでは，「項目」という言葉を使っているが，ここでいう項目は必ずしも実体として何かが存在するわけではない．それでも，それらが構成要素となる構造を考える際には，項目として捉えるほうがわかりやすいだろう．そのため，ここでは人型のような図形で項目を示している．

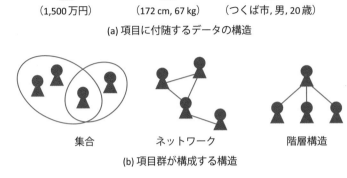

(a) 項目に付随するデータの構造

集合　　　　　ネットワーク　　　　階層構造

(b) 項目群が構成する構造

図 4.2　項目に付随するデータの構造と項目群が構成する構造

## 項目に付随する値の構造

　項目には通常，いくつかの値，つまり値の**組**（tuple）が付随する．たとえば，各項目に身長が付随すれば1変量データ，身長と体重の二つ組が付随すれば2変量データである．身長，体重，性別のように三つ組が付随すれば3変量データとなる．付随する値が複数の場合には「多変量データ」とよばれる[†]．付随するデータは量的データには限定されず，質的データの組が付随することもあれば，量的データと質的データが混在することも多い．項目に付随する値がすべて量的データの場合には「多変量量的データ」，すべて質的データの場合には「多変量質的データ」とよばれる．

### 「多変量データ」と「多次元データ」について

　多変量データは，多次元データとよばれることもある．とくに，すべての変量が量的データで，さらに空間的データの側面が強い場合には「多次元データ」とよばれる．本書では厳密に区別はせず，基本的には「多変量データ」とよぶことにするが，状況や慣習に合わせて「多次元データ」という言葉を用いることもある．

### 項目に付随するLとT

　項目に付随するデータが，（地理的な）位置や時刻の場合には，それぞれ**地理データ**や**時刻データ**ということができる．これらは排他的ではなく，地理データであり，かつ時刻データであることも多い．地理データであり，かつ時刻データであるようなデータ

---

[†] データベースで管理されているデータの多くは多変量データとみなすことができる．データベースの用語では，項目を「レコード」とよび，変量を「フィールド」，「属性」あるいは「次元」とよぶ．

は**時空間データ**ともよばれる.

## ◔ キー属性と値属性

　組に含まれる変量には, キーとそれに従属する値の関係が存在する場合がある. そのような関係にある変量を, **キー属性**と**値属性**とよぶ. たとえば, 学籍番号と成績の組からなるデータでは, 学籍番号に対して成績が定まるため, 学籍番号がキー属性であり, 成績はそれに従属する値属性である. キー属性は, 項目に対してインデックスの役割を果たす. そのため, キー属性の値には重複はない. 学籍番号は, インデックスの役割を果たし, 対象とする範囲内[†1]では値の重複はない. その一方で, 成績を表す値には重複があり得る. キー属性としては離散データが使われることが多いが, 連続数値データが用いられることもある. 値属性の値の種類はさまざまである. 2変量以上の組がキー属性を構成することもある. たとえば, 地域ごとの温度変化を表すデータでは, 地域と日時の組がキー属性となり, それに対して値属性として温度が定まる. なお, キー属性と値属性からなる組が項目に付随する場合, 項目とキー属性は同一視できる. 組がキー属性となる場合にはその組を項目とみなすことにする. たとえば, 地域と日時の組がキー属性となるようなデータにおいては, ある地域のある日時という組が一つのキーであり, 一つの項目とみなす.

## ◔ 組の記法

　データを表す文字の組み合わせで組を表すことにする. 組を構成するデータそれぞれを表す文字を乗算の記号($\times$)でつなぎ, キー属性と値属性の関係がある場合には, キー属性から値属性に向かう矢印($\to$)でつなぐ[†2]. 組の表し方の例を表4.3に示す.

　なお, 続く章において, 視覚的表現の対象データを表すために, $C$や$D \to Q$のような書き方も使用する. これらは具体的なデータを表しているのではなく, $C$であれば$N$や$O$に適用できることを, $D \to Q$であれば, $N \to Q$, $O \to Q$, あるいは$Q_1 \to Q_2$(ただし$Q_1$は離散数値データ) に適用できることを意味する.

### ◑ $N \times Q$と$N \to Q$の違い

　$N \times Q$と$N \to Q$の違いを, 全国展開しているチェーン店の販売データを例に説明し

---

†1 たとえば, 一つの大学内.
†2 これらの表記は直積集合と関数の表記に倣ったものである.

表 4.3　本書における組の表し方

| 表し方 | データの種類 | 例 |
|---|---|---|
| $N \times N$ | 2変量質的（名義）データ | 性別と国籍 |
| $Q \times Q$ | 2変量量的データ | 身長と体重 |
| $N \times Q$ | 名義データと量的データの組 | 性別と年齢 |
| $Q \times \cdots \times Q$ | 多変量量的データ | $n$ 科目のテストの点 |
| $N \to Q$ | 名義データをキーとする量的データ | 商品ごとの値段 |
| $O \to Q$ | 順序データをキーとする量的データ | サイズごとの販売数量 |
| $L \to Q$ | 位置をキーとする量的データ | 各都道府県の人口 |
| $T \to Q \times Q$ | 時刻をキーとする量的データの組 | 日ごとの最低・最高気温 |
| $T \times L \to Q$ | 時刻と位置をキーとする量的データの組 | 各都道府県の人口変化（各年の人口） |

ておく．チェーン店が地域ブロック（関東，東北，東海，...）で管理されているとしよう．そうすると，各店舗は「地域ブロック」（$N$）と年間の「売上金額」（$Q$）を値としてもつことになる．

● $N \times Q$ の例

　店舗ごとの売上金額は $N \times Q$ の例である．各店舗が項目であり，それぞれが「地域ブロック」と「売上金額」を値としてもつ．異なる項目が同じ地域ブロックの値（たとえば，関東）や同じ売上金額をもつこともある．

● $N \to Q$ の例

　地域ブロックごとの売上総額は $N \to Q$ の例である．地域ブロックが項目であり，それぞれが「地域ブロック」と，そのブロックの「売上総額」（ブロック内の店舗の売上の総和）を値としてもつ．この場合の地域ブロックはキー属性であるため，異なる項目が同じ地域ブロックの値をもつことはない．値属性である売上総額については，異なる項目が同じ値をもつこともある．

⚙ $T \to Q \times Q$ と $T \times N \to Q$ の違い

　日ごとの最低気温と最高気温のような，時刻とともに変化する二つの量的データは，$T \to Q \times Q$ のように記述できる．これを $T \times N \to Q$ のように書き換えることもできる．この場合には，ある日の最高気温は何℃のように，「最低気温」と「最高気温」は $N$ の値である．$T \to Q \times Q$ のように表したときには，時刻に依存する値属性は二つの量的データであるが，$T \times N \to Q$ のように名義データをキー属性にすることで，二つの量的

データを名義データの値によって区別できるようになる．また，$N$ の値が 3 種類であれば，$T \rightarrow Q \times Q \times Q$ を表すこともできる．このことは，視覚的表現の規則を書き記す際に都合がよい．

## 項目が構成する構造

項目はさまざまな構造を構成する．情報可視化で注目される基本的な構造は，集合，ネットワーク構造，階層構造である．さらに，それらの構造が組み合わせられて，より複雑な構造をなすこともある．また，構造に別の構造や組が付随することもある．

### 集合

同じ性質をもつ項目を集めたものが**集合**（set）である．項目が要素となり，いくつかの集合を構成する．集合は項目に付随する質的データと相互に変換できる．つまり，同じ値の質的データをもつ項目は，その質的データの値をラベルとする集合に含まれると考えられる．

### ネットワーク（グラフ）

項目間に何らかの関係を定めることができるとき，項目群により**ネットワーク**（network）を構成することができる．ネットワーク構造を備えたデータには，コンピュータネットワーク，World-Wide Web，ソーシャルネットワーク，企業の提携関係，交通網などがある．ネットワークは，数学的には**グラフ**（graph）として表される．グラフでは，項目は**ノード**（node）とよばれ，ノードとノードは**エッジ**（edge）によって関係付けられる．

折れ線グラフや棒グラフなどもグラフとよばれるが，それらとは異なる概念である．本書では混乱を避けるために，折れ線グラフや棒グラフなどの総称としては，グラフという言葉は使わず，**チャート**とよぶことにする．単に「グラフ」と書いた場合には，ネットワークを抽象化したグラフを指すものとする．

### 階層構造（根付き木）

項目が階層構造を構成することがある．**階層構造**は，数学的には**根付き木**（rooted tree）として表される．根付き木では，一つの項目が**ルート**（根）として決まっており，ルート以外の項目（ノード）は一つの親をもつ．階層構造を備えたデータには，コンピュータのファイル管理構造，企業などの組織構造，生物の分類などがある．根付き木はグラフの一種であるが，データ構造として重要な役目を果たしているため，可視化の

対象としてもグラフとは分けて扱われることが多い.

## 🔵 動的データ

時刻データの多くは,時刻に量的データが付随したものである.たとえば,1日の気温の変化を1時間ごとに観測したとすると,1時間ごとの時刻(離散数値データ)に量的データである温度が付随することになる.その一方で,たとえば,図4.3に示すように,ネットワーク構造のような構造自体が時間とともに変化することもある.時刻に構造がデータとして付随していると考えることもできる.同様に,時間とともに変化する階層データ,時間とともに変化する地理データなど,さまざまな組み合わせが考えられる.これらのような,構造自体が時間とともに変化するようなデータを**動的データ**とよぶことにする.

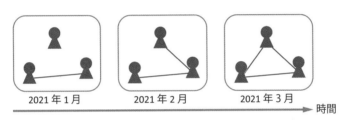

図4.3 時間変化するネットワーク

### 🍥 動的データの記法

動的データは時刻をキーとするデータである.したがって,一般的には $T{\to}U$ のように表せる.ここで,$U$ は構造的なデータを抽象化して表す文字とする.たとえば,動的に変化するネットワーク(グラフ)であれば,$U$ はグラフ $G$ であり,動的データは $T{\to}G$ のように表される.また,動的に変化する地理データであれば,$U$ は $L{\to}Q$ などであり,そのような動的データを $T{\to}[L{\to}Q]$ のように表すことにする.多変量データ自体が動的に変化することも考えられる.たとえば,2変量量的データが時間とともに変化するようなデータは $T{\to}[Q{\times}Q]$ のように表される.

### 🍥 $T{\to}(Q{\times}Q)$ と $T{\to}[Q{\times}Q]$ の違い

データを表す表記において本書では丸括弧と角括弧を異なる意味で用いる.丸括弧は結合を明確にするために用いる.たとえば,$T{\to}(Q{\times}Q)$ は $T{\to}Q{\times}Q$ と同じであり,時刻をキー属性として,ある時刻に対して「二つの値」が定まるようなデータを表す.角括弧は括弧内の表記によって示される「データ全体」を表すために用いる.たとえば,

$T \to [Q \times Q]$ は，時刻をキー属性として，2変量データが定まるようなデータを表す．年ごとの1年生全員の身長と体重のように，各時点に対して散布図が対応するようなデータである．ちなみに，同じ生徒の値を毎年追跡するようなデータは，生徒を表す識別子 $(N)$ を加えて，$T \times N \to Q \times Q$ のように表される．

## 🌑 データ構造の変換

多くのデータ構造は別のデータ構造へと変換できる．情報可視化に用いられる視覚的表現の多くは，データ構造に特化しているが，データ構造を変換することで，多くの表現手法を利用することができる．

# 4.3 🌑 生データ

収集あるいは蓄積された状態のままの，可視化のために特段の加工がなされていないデータを**生データ**とよぶ．システムの稼働によって蓄積されたログデータ，センサーによって収集されたデータ，各種データベースに蓄積管理されているデータ，インターネットから収集された文書データなど，さまざまなデータが可視化の対象となり得る．これらのデータは通常，それぞれの分野における固有の書式で記述されており，すべて生データといえる．

電子的に記録されているものは，ほとんどすべてのものが生データとして利用できる．ただし，データの加工のしやすさはさまざまである．たとえば，ログとして蓄積されているものは，そもそも機器が出力したデータであるので，加工して必要な情報だけを取り出すことは比較的容易である．それに対して，blog や SNS などの文書は人が書いたものであり，そこから情報を抽出して整理することはあまり簡単ではない．自然言語処理技術などを駆使する必要があるとともに，抽出したデータの信頼性についても十分な検討が必要である．

# 4.4 🌑 データ変換

データ変換にはさまざまな手法が存在するが，ここでは代表的なものを紹介する．実際には，可視化の目的に応じて適切な変換を行う必要がある．

## 🫧 代表値での表現

　量的データの代表値として広く利用される統計値は**平均値**（相加平均）である．ただし，データの分布によっては，直感との乖離により誤解を与える可能性もある．そのような場合には，**中央値**のほうが適切であることも多い．たとえば，10人のクラスでテストを行ったとしよう．とても難しいテストだったため，100点は1人だけで，3人が3点，3人が5点，3人が7点だったとする．平均値は14.5点で，ほとんどの人の倍以上になっている．しかしながら，中央値は5点で，こちらの方が多くの人の点に近い．

　さらに，最小値と最大値の二つの値（量的データ）があれば，データの範囲を表すことができる．しかしながら，平均値や中央値，あるいは範囲（最小値と最大値）だけでは，データの分布（値の偏り）を読み取ることはできない．データの分布の概形情報を与えるものとしては，最小値と最大値に**四分位数**[1]を加えた五つの値で表す方法がある．

## 🫧 部分集合への分割

　項目はそれに付随する値を利用して部分集合に分割することができる．分割によって作られた部分集合にはそれぞれラベルが付けられる．このラベルを**ケース**とよぶ．部分集合に分割した後，要素数（**度数**）だけに着目すると，ケースと要素数の組（2変量データ）からなる度数分布表が得られる．度数分布表では1行が1項目に対応し，ケースはキー属性となる．度数は比例尺度の量的逐次データであり，離散数値データである．

### 🫧 カテゴリ分けによる質的データの集約

　質的データに着目して項目を部分集合に分割することを，**カテゴリ分け**とよぶ．それぞれの集合に含まれる項目の数を集計すると，表4.4のような度数分布表が得られる．これは，タイタニック号[2]の乗客を客室クラス（順序データ）でカテゴリ分けしたものである．このようにして得られた度数分布表は，質的データをキーとする組として表すことができる．この例では，客室クラスが順序データであることから，$O \rightarrow Q_s$ となるが，名義データによってカテゴリ分けする場合には $N \rightarrow Q_s$ となる．

　着目する質的データが同じ値の項目を集合にまとめることもあれば，関連する値の項

---

[1] データを小さい順に並べたときに，小さい方から1/4, 2/4, 3/4の順位にある数をそれぞれ，第1四分位数，第2四分位数，第3四分位数とよぶ．第2四分位数は中央値と同じである．

[2] 20世紀はじめに建造された大型客船．処女航海中に沈没し，大勢の犠牲者を出した．数値については諸説あるが，本書では統計解析向けプログラミング言語Rに含まれるサンプルデータの数値を利用している．

目を集合にまとめることもある．たとえば商品の販売履歴において，販売数量を商品別ではなく，肉，野菜，飲料，菓子のような商品種別で集約することもあるだろう．これもカテゴリ分けの一種である．

### ◎ 階級分けによる量的データの集約

量的データに着目して項目を部分集合に分割することを**階級分け**とよぶ．それぞれの集合に含まれる項目を集計すると表 4.5 のような度数分布表が得られる．このようにして得られた度数分布表は 2 変量データであり，階級をキーとする組 $(R \to Q_s)$ として表すことができる．

表 4.4  **各客室クラスの人数**

| 客室クラス | 人数 |
|:---:|:---:|
| 1 等 | 325 |
| 2 等 | 285 |
| 3 等 | 706 |

表 4.5  **身長の分布**

| 身長 [cm] | 人数 |
|:---:|:---:|
| 150〜159 | 1 |
| 160〜169 | 3 |
| 170〜179 | 2 |
| 180〜189 | 1 |

### ◎ 分割表

表 4.4 は一つの視点だけに基づく単純な集計であったが，一般的には複数の視点で集計したいことも多い．そのような場合には分割表が用いられる．複数の質的データでカテゴリ分けして，行と列に関して頻度を集計したものを**分割表**（**クロス集計表**，contingency table）とよぶ．たとえば，タイタニック号の乗客を項目とすると，項目を客室クラスで集計することもできるが，生死（生存／死亡）で集計することもできる．表 4.6 と表 4.7 は，2 変量と 3 変量の分割表の例である．分割表では，頻度を表す 1 マスが 1 項目に対応すると考えよう．分割表が表すデータは 2 変量以上の質的データをキー

表 4.6  **2 変量の分割表の例：各客室クラスおよび生死者の人数**

$$O(客室クラス) \times N(生死) \to Q_s(人数)$$

| 生死 | 客室クラス | | |
|:---:|:---:|:---:|:---:|
| | 1 等 | 2 等 | 3 等 |
| 死亡 | 122 | 167 | 528 |
| 生存 | 203 | 118 | 178 |

表4.7　3変量の分割表の例：各客室クラス，生死者および性別の人数

$O$（客室クラス）$\times N$（生死）$\times N$（性別）$\to Q_s$（人数）

| 生死 | 性別 | 客室クラス | | |
|---|---|---|---|---|
| | | 1等 | 2等 | 3等 |
| 死亡 | 男性 | 118 | 154 | 422 |
| | 女性 | 4 | 13 | 106 |
| 生存 | 男性 | 62 | 25 | 88 |
| | 女性 | 141 | 93 | 90 |

とする組（$C \times \cdots \times C \to Q_s$）である．つまり，分割表への加工により，質的データ（$C$）を，2変量以上の質的データをキーとする組へと変換できる．

## 類似度

　項目間の**類似度**（あるいは**関連度**）とは，それらがどの程度似ているか，あるいは関連があるかという指標である．類似度を求めることはデータ変換ではないが，類似度を利用することで，項目間に潜む構造を抽出することが可能になる．類似度を計算する方法にはさまざまなものがある．計算方法の選択に際しては，方法の違いだけでなく，それぞれの方法が類似度を何に基づきどのように定義しているかに注意すべきである．

　具体例を挙げておこう．同じ本を持っている人は好みが似ているとみなすことができる．この場合，人が項目で，項目には本の集合が付随する．たとえば，二つの集合に含まれる共通要素の数により項目間の類似度を計算できる．

## クラスタリング（集合，階層）

　クラスタリングとは，項目群をいくつかの集合に分けることである．集合への分割のように項目に付随する値を直接利用して分割するのではなく，項目の類似度を利用して，いくつかの集合に分割する．そのため，互いに類似度の高い項目が含まれる集合を作ることができる．さらに，類似度を項目間だけでなく集合間にまで拡張できれば，類似した集合の集合を作ることができる．結果的に入れ子になった集合を作ることができる．このように入れ子になった集合は，項目の階層構造とみなすことができる．

　具体例を挙げておこう．本の好みを類似度によって0から100までの数値で表せたとする．ある二人の類似度がたとえば70以上のとき，その二人は好みが似ているとし

て，同じ集合に入れることにする．このような操作を繰り返すことで，好みが似ている
人々の集合がいくつか構成される．

## ネットワーク抽出

　項目間の類似度を利用することで，項目をノードとするネットワークを構築すること
ができる．まず類似度のしきい値を決める．項目をノードとし，ある二つの項目間の類
似度がしきい値以上の場合には，それらの項目間をエッジでつなぐ．こうして構築した
グラフは，項目間の類似性を表現したネットワークということができる．類似度をエッ
ジの重みとみなすことで，重み付きグラフを構築することもできる．

## 演習課題

4.1　ある航空機の各乗客に関するつぎのようなデータについて，それぞれ尺度水準を答
　　えなさい．(1)年齢，(2)性別，(3)座席クラス（ファーストクラス，ビジネスクラ
　　ス，エコノミークラス），(4)搭乗手続き時刻（チェックイン時刻），(5)荷物の重量

4.2　本書において「$Q$」で表すデータはさらに細かく分類することができる．どのよう
　　に分類できるか説明しなさい．

4.3　小学校の各児童の学年（1年〜6年）と身長に関するデータは，本書の記法では「$Q \times Q$」のように書くことができる．同様に学年と身長に着目して，「$Q \to Q$」のように表されるデータを考えなさい．

4.4　ある航空機の乗客に関するデータに関して，性別と座席クラスに着目した2変量
　　の分割表を作成しなさい．人数の部分は空欄でよいが，それぞれにどのような数
　　が入るかを説明しなさい．

4.5　本書において，$T \to Q \times Q$ で表されるデータと，$T \to [Q \times Q]$ で表されるデータの
　　違いを説明しなさい．

# 5 値の表現手法

本章では，単独の値を視覚的に表現する手法を説明する．表現手法にはさまざまな種類があり，値の種類によって適切な手法が異なる．視覚的表現は図形の組み合わせによって構成されるが，単独の値の表現はその構成要素となる．すなわち，値の表現手法に関する知識は，より複雑な視覚的表現を設計するための基礎となる．

## 5.1 値の表現の基本方針

まず，値を視覚的に表現するとはどういうことか再確認しておこう．本書でいう「視覚的に」とは，表現から値を直感的に読み取れることである．記述言語のように解釈を必要としない表現を用いる．さらに，「表現する」とは，読み手が読み取れるようにすることであり，描き手が描いたつもりになることではない．これらは視覚的表現の基本であるため，忘れないようにしてほしい．

### 求められる表現

表 4.1 (p.32) で説明したように，データの種類によって行える基本操作が異なる．そのため，データを表す視覚的表現においても，データに対して行える基本操作と同じ操作を行えることが期待される．表 5.1 は，データの種類とその視覚的表現に期待される要件をまとめたものである．

表 5.1　視覚的表現に期待される要件

| データの種類 | 期待される要件 |
|---|---|
| 名義データ | 等しいことがわかる．等しくないことがわかる． |
| 順序データ | 順序（系列）が読み取れる． |
| 量的データ | 量が読み取れる． |

　期待される要件は読み誤りに対する寛容さへも影響する．たとえば，名義データは等しいか等しくないかの判断ができることが重要であるため，読み誤りはその判断を誤ることを意味するので極力避けなければならない．その一方で，量的データについては，相対的に近い値にであれば値を多少読み誤ってもあまり深刻ではない．そもそも値を正確には読み取れないことのほうが多く，値を正確に伝えたいのであれば，数字を添えるなどすべきである．

　なお，表し過ぎないことも重要である．たとえば，名義データでは順序に意味がないため，その表現において，値に順序があるかのように読み取れる表現は不適切である．しかしながら，多くの視覚的な表現が，区別ができる以上に，多少なりとも順序も表現してしまう．そのため，その機能をうまく消して利用する必要がある．

## 視覚変数

　視覚を通して知覚でき，値を表現できる属性を**視覚変数**（visual variable）あるいは**視覚属性**（visual attribute）とよぶ†．図 5.1 に代表的な視覚変数を示す．これら以外にもさまざまな視覚変数が知られている[16]．単独の値はこれらを用いて表現することが多い．

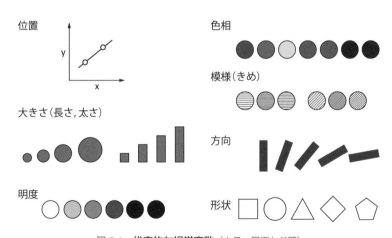

図 5.1　**代表的な視覚変数**（カラー図版も参照）

---

† 視覚変数の機能を最初に整理した Bertin は，位置以外の，大きさ，明度，模様，色相，方向，形を「variable rétinienne（retinal variable）」とよんだ[15]．

# 5.2 名義データの表現手法

名義データの表現には，等しいことがわかる，等しくない（違う）ことがわかることが求められる．さらには読み手の直感に合っているとなおよい．

## 名義データの表現例

図 5.2 に示すようなデータを視覚的に表現することを考えよう．このデータではそれぞれの項目にコーヒー豆の種類と産地の 2 変量が付随している．この節で着目するのは 2 変量データではなく，2 番目の変量（産地）の表現の仕方についてである．コーヒー豆の産地は細かく分けるとさらに多くの場所に分類できるが，ここでは説明を簡単にするためにアジア，中南米，アフリカの 3 種類とした．

| コーヒー豆 | 産　地 |
|---|---|
| Brazil | 中南米 |
| Kilimanjaro | アフリカ |
| Mandheling | アジア |
| Columbia | 中南米 |
| Toraja | アジア |
| Guatemala | 中南米 |
| Mocha | アフリカ |
| Java | アジア |

図 5.2　名義データを含むデータの例

名義データの視覚的な表現としては，図 5.3 に示したような手法が利用できる．

- **位置による名義データの表現**　図 5.3(a) ではアジアを中央に，中南米を右に，アフリカを左に集めている[†]．これは位置で産地を表現したものといえる．
- **色相による名義データの表現**　図 5.3(b) は，産地を色で表したものである（カラー図版を参照）．アジアを赤で，中南米を青で，アフリカを緑で表している．
- **模様による名義データの表現**　図 5.3(c) は，産地を模様で表したものである．アジアを縦縞で，中南米を横縞で，アフリカを斜めの縞で表している．ここでは，図形が重なったときにもわかりやすい模様を選んだ．
- **明度による名義データの表現**　図 5.3(d) は，産地を明度で表現したものである．

---

† 近接の要因（ゲシュタルト要因）により三つのグループに分かれることがわかる．

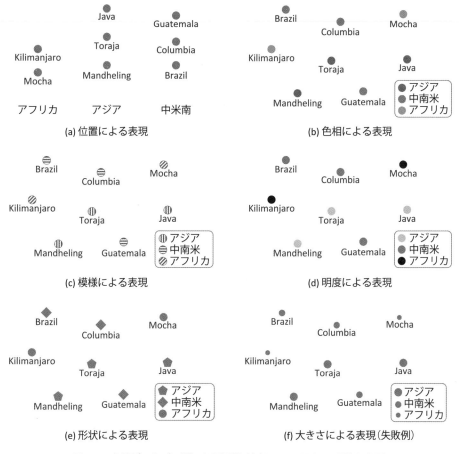

図 5.3　**名義データ（3値）の表現例**（(b)についてはカラー図版も参照）

アジアを明るいグレーで，アフリカを濃いグレーで，中南米を中間のグレーで表している．有彩色を用いてもよい．

● **形状による名義データの表現**　図 5.3(e) は，産地を形で表現したものである．アジアを五角形で，中南米を四角形で，アフリカを円で表している．

図 5.3(f) は，産地を点の大きさで表現したものである．ここでは，アジア，中南米，アフリカに，それぞれ大，中，小の点を割り当てている．このことにより，アジア，中南米，アフリカに順序があると読み取られるかも知れない．名義データがもっていない順序があるかのように見えることから，大きさは名義データの表現には適さない．

## 名義データを表現する色の選び方

色は位置，形状，大きさなどとは独立に利用できることから，使い勝手のよい視覚変数である．

### 色相の選び方

色相は名義データの表現に利用できるが，無数にある色相からどのように選んでもよいわけではない．名義データの表現に適した色は，明確に区別できる色であり，赤，緑，黄，青，黒，白，ピンク，シアン，グレー，橙，茶，紫がよいとされている[17]．はじめの6色は反対色の組み合わせである．6色しか必要なければ，無彩色である黒と白を含めて，まずは反対色の3組6色を使うとよい．いずれにしても，第3章で説明したように，色の与える印象も考慮して適切な彩度を選ぶのがよい．

### グレー（白・黒）の選び方

明度（グレースケール）は名義データの表現には必ずしも適していないが，モノクロ印刷などを考えると，明度で表現しなければならない場面もあるだろう．明確に区別できることを前提とすると，使えるのは白，ライトグレー，ダークグレー，黒の4色程度である．これ以上の色を使うと，区別が徐々に困難になると同時に，順序が感じられるようになり，名義データの表現としては誤解を与える危険性が高くなる．

## 視覚変数と値の対応付け

名義データを表現する場合には，基本的には表現と値を辞書的[†1]に対応付ける必要がある[†2]．そのため，区別の容易さとは別の注意も必要である．すなわち，すべての表現に対してその表現に対応付けられた値を記述する必要がある．通常この対応付けは凡例によって示される．

理想は，凡例がなくても表現の意味（表現に対応付けられた値）がわかることである．しかし，不特定の読み手に凡例なしに表現の意味を理解させることは，一般的には困難である．凡例を見れば即座にその対応付けが理解でき，また記憶に残るような対応付けができれば十分であろう．逆に，何度も凡例を見直さなければ値を読み取れないような表現は，設計を見直すべきである．

---

†1 辞書的な対応付けに対するものは関数的あるいは規則的な対応付けである．関数的あるいは規則的な対応付けが可能な場合には，ある適切な関数あるいは規則を定めることで，表現と値の関係を記述できる．
†2 表現への意味付けということもできる．

### 慣習による意味付け

　名義データを表現する場合には，視覚的表現と値の対応を辞書的に示す必要があるが，視覚的表現には慣習によりすでに意味付けられているもの，あるいは意味付けしやすいものがある．たとえば，色による性別の表現などは，日常的にも使用されており，慣習化されているといえる．また，女性を円で，男性を正方形でというような，形による表現も男女の体つきの特徴を抽象化していると考えれば，記憶しやすい．このように，視覚的表現の慣習による意味付けが利用できるのであれば，それらをうまく利用するのがよい．逆に，慣習による意味付けに意図なく背くべきでない．たとえば，男性と女性をそれぞれ赤と青で表すとすると，凡例があったとしても，読み手が慣習による対応付けにより，赤を女性，青を男性と読み取ってしまうなど，混乱を招く危険性がある．

### 文化による意味の違い

　慣習による意味付けを適切に利用すれば，凡例がなくても値を読み取れるようにできるかもしれない．ただし，慣習が万国共通ではないということにも注意すべきである．たとえば，赤色は危険，黄色は注意など，色には意味が付随するものがあるが，これらは必ずしも万国共通の意味ではなく，多くの場合，文化的な背景に依存する．

## 5.3 順序データの表現手法

　順序データの表現には，順序がわかること，すなわち二つの値の大小関係がわかる，あるいは，ある値を基準としたときにそれよりも大きいか小さいか（前であるか後であるか）がわかることが求められる．

### 順序データの表現例

　図 5.4 に示すような順序データを視覚的に表現することを考えよう．このデータは 8 個の値をもつとする．ここでは，便宜上その値を #1, ..., #8 の数字で表す．数字は量ではなく順序を表していることに注意してほしい．

　図 5.4 では項目が左から番号順に並んでいるが，実際には項目は別のデータの表現のために平面上に配置されているかもしれない．あるいは，地図上のある領域に付随する順序データを表現したい場合もある．そこで，図 5.5 のような例も考えてみよう．この例では順序データを数字で表している．すでに説明したように，このような表現は視覚的とはいえない．順序データの視覚的な表現としては，図 5.6 に示すような手法が利用できる．

図 5.4　順序データの例

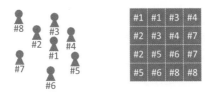

図 5.5　順序データを表現したい状況の例

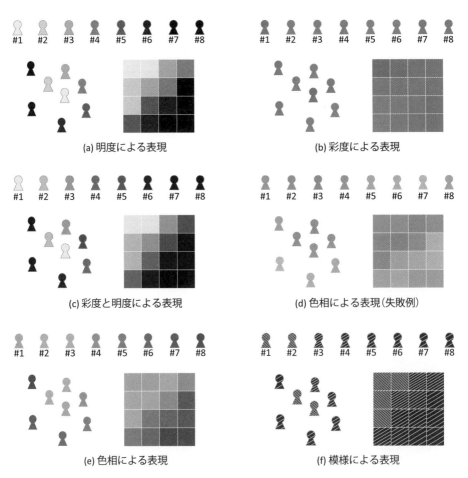

図 5.6　順序データの表現例（カラー図版も参照）

- **位置による順序データの表現**　図 5.4 では項目が左から番号順に並んでいるため，位置が順序を表しているといえる．しかしながらすでに図 5.5 で説明したように，順序データの表現のために位置を利用できない場面も多々存在する．

- **明度による順序データの表現**　図 5.6(a) は，順序を明度で表したものである．項目 #1 に最も明度が高い色を，#8 に向かうにつれて段々と明度の低い色を割り当てている．

- **彩度による順序データの表現**　図 5.6(b) は，順序を彩度で表したものである．項目 #1 に最も彩度が低い色を，#8 に向かうにつれて段々と彩度の高い色を割り当てている．

- **彩度と明度による順序データの表現**　図 5.6(c) は，彩度と明度を組み合わせて表したものである．彩度と明度をうまく組み合わせることで，より多くの値を区別できるようになる．

- **色相による順序データの表現**　図 5.6(d) は，順序を色相で表そうとしたものであるが，失敗例である．色相は色相環で表されるように循環している．そのため，色相環全体から色を選ぶと順序を正しく読み取れない．図 5.6(e) は，色相環において赤（0°）から緑（105°）までの色相を割り当てている．

- **模様による順序データの表現**　図 5.6(f) は，順序を模様で表したものである．ここでは白黒の縞模様を用いている．白地に黒い縞と見たときに，項目 #1 に最も細い縞模様を，#8 に向うに連れて段々と太い縞模様を割り当てている．

## 視覚変数と値の対応付け

　ここまで紹介したように，視覚変数を利用することで，順序あるいは系列を表現することができる．順序データを表現する場合には，必ずしも，名義データの場合のように，表現と値を辞書的に対応付けて説明する必要はないが，向きについての説明は必要である．つまり，たとえば明度で順序データを表す場合，明るい色で前側（小さい値）を表すのか後側（大きい値）を表すのかというような規則は明示する必要がある．

# 5.4 量的逐次データの表現手法

　量的逐次データとは，量的データのうち正（あるいは負）の値だけを取るようなデータである．量的データの表現としては，量が読み取れることが基本であり，量的逐次データを表現するとは，図 5.7 に示すようなデータを視覚的に表現するということである．

図 5.7　量的逐次データの例

量的逐次データの視覚的な表現としては，図 5.8 に示したような手法が利用できる．

- **位置による表現**　座標軸を描き，それに沿って点を配置することで量的データを表現できる．これはいわゆる座標系による表現である．目盛を描くことで，さらに値を正確に読み取ることができるようになる．図 5.8(a) は，図 5.7 に示したデータを位置で表現した例である．

- **長さによる表現**　長さによる量的データの表現は，棒グラフなどで利用されている．図 5.8(b) は，図 5.7 に示したデータを長さで表現したものである．棒の長さで量的データを表現する場合には，棒の幅は均一に揃えるべきである．棒の幅がまちまちであると，長さではなく，幅あるいは面積が何かを表しているように誤解を

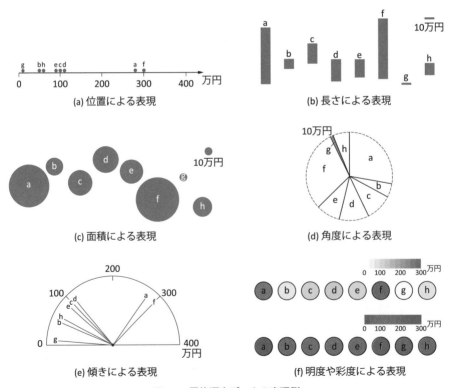

図 5.8　量的逐次データの表現例

与える危険性がある.

二つの棒の長さを見比べると，一方が他方の何倍の長さであるかが，厳密ではないとしても読み取れる．このことから，長さによる表現は比例尺度のデータの表現に適している．その一方で比例尺度ではない（つまり間隔尺度の）量的データの表現に用いると，誤解を与える危険性がある.

- **面積による表現** 図 5.8(c)は，図 5.7 に示したデータを円の面積で表現したものである．大きさで量的データを表現する場合には，量的データを「大きさ」にどう対応させるかにも注意する必要がある．たとえば，円の直径（あるいは半径や円周の長さ）を量的データに比例させることもできるし，円の面積を比例させることもできる．しかしながら，重要なことは読み手がどう判断するかである．2 次元図形の場合，多くの人は直径よりも面積で値を読み取る傾向にあるため，値は円の面積に対応させるべきである．図 5.8(c)では面積を値に比例させている.

  図 5.8(b)に示した棒の長さによる表現は，棒の幅が揃えてあるため，長さだけでなく面積も値に比例している．そのため，読み手が面積で読み取ったとしても問題はない．なお，面積も，比例尺度ではない（つまり間隔尺度の）量的データの表現に用いると，誤解を与える危険性がある.

- **角度による表現** 図 5.8(d)はパイチャート（円グラフ）である．パイチャートは割合を表すためによく利用される表現手法である．パイチャートでは扇形がデータの項目に対応しているが，そこで値を表現しているものとしては，扇形の弧の長さ，扇形の面積，さらには扇形の角度が考えられる．ただし，曲線の長さや，扇形の面積を比較することは容易ではない．角度も際立って有利ではないが，25% や 50% の読み取りは容易に行える.

  パイチャートによく似た表現にドーナツ型チャートがある．パイチャートの内側に穴があり，その部分を利用して表題などを書くことができる．パイチャートによく似た表現であるが，値の表現手法という点では角度を明示的には利用していないことが大きな違いである.

- **傾きによる表現** 図 5.8(e)は直線の傾きで値を表現した例である．アナログ時計や車のタコメーターは針先の位置が値を表現していると考えれば，位置による表現と考えることもできる．しかしながら，針の傾きで大まかな時刻を読み取ることはしばしば行われることである．つまり，針の傾きも値を表すことができる.

  他の例として，日ごとの平均気温を表す折れ線グラフを想像してほしい．横軸が日付けを表し，縦軸が温度を表すとする．毎日の平均気温が線分でつながっている．このグラフは毎日の平均気温を表しているが，読み取れるのはそれだけではない.

ある日の平均気温とその翌日の平均気温が線分でつながっているため，その変化を傾きで読み取ることができる．傾きがゆるやかであれば変化が小さいことがわかり，傾きが急であれば変化が大きいことがわかる．

● **色による表現**  図 5.8(f)は，図 5.7 に示したデータを色で表現したものである．図 5.8(f)では量的データを明度や彩度に対応させていて，値が大きくなるほど暗いグレーや鮮かな青にしている．

色は量的データの表現にしばしば利用されるが，明度や彩度から量を正確に読み取るのは困難である．さらには，実際に見える色はまわりからの影響を受ける．そのため，色を検討する際には，精密に値を読み取る必要がないこと，あるいは値を読み取る手段を別に提供していることを確認すべきである．

図 5.8 では，どちらの例も暗い（濃い）色が大きい値を表すような配色を採用しているが，Schloss らの調査によると，配色は背景色の影響を受け，読み手が感じる値は，値の表現に不透明度が用いられているように見えるかどうかで異なる[18]．不透明度が用いられているように見える場合（つまり背景色の影響を受けているように見える場合），不透明のほうが大きい値を表すように感じる．不透明度が用いられているようには見えない場合は，暗いほうが大きい値を表すように感じる．

## 5.5 🍮 量的分岐データの表現手法

量的分岐データとは，原点を起点として正負の 2 方向に分かれるような量的データである．量的逐次データと同様に，量的データの表現として量が読み取れることに加えて，原点および正負の区別が読み取れなければならない．

量的分岐データを表現するとは，図 5.9 に示すようなデータを視覚的に表現するということである．

| a | b | c | d | e | f | g | h |
|---|---|---|---|---|---|---|---|
| 280万円 | 50万円 | 100万円 | −110万円 | 90万円 | 300万円 | 10万円 | −60万円 |

図 5.9  **量的分岐データの例**

量的分岐データの視覚的な表現としては，図 5.10 に示したような手法が利用できる．

● **位置による表現**  図 5.10(a)は，図 5.9 に示したデータを位置で表現したものである．量的逐次データの表現と基本的には同じである．ただし，原点を定め，その右

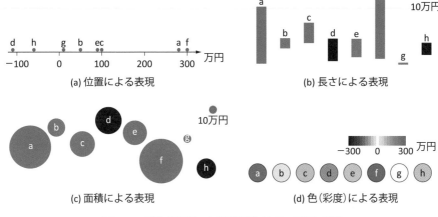

図 5.10 **量的分岐データの表現例**（カラー図版も参照）

と左で正負を表す.

- **長さによる表現** 長さは基本的には正の値しか表現できないため，そのままでは量的分岐データを表すことはできない．しかしながら，正と負を色分けすることで，長さを利用して，量的分岐データを表すことができる[†]．図 5.10(b)は，図 5.9 に示したデータを長さで表したものである．

- **面積による表現** 面積も，長さと同様に，そのままでは量的分岐データを表すことはできない．そのため，量的分岐データを表すためには，正と負を色分けする．図 5.10(c)は，図 5.9 に示したデータを円の面積で表したものである．

- **色による表現** 図 5.10(d)は，図 5.9 に示したデータを色で表したものである．正負を区別するために色相を利用し，量的データとしての絶対値を表現するために明度と彩度を利用している．その他の色の組み合わせも利用できるが，いずれの場合も無彩色（白，グレー，黒）で原点を表して，色相の違いを滑らかにつなぐとよい．

# 5.6 視覚変数の表現力

名義データ，順序データ，量的データのそれぞれについて，いくつかの視覚変数による表し方があるが，読み手が値を正確に読み取れるかどうかは利用する視覚変数に依存する．

---

[†] 0 の値や正負の意味をもたない凡例を表すには工夫が必要である．例のように縦長の棒で値を表現する場合には，細い横線を無彩色で描くよいであろう．

Bertin は，視覚変数の性質として，以下[†1] を挙げて整理している[15].

- **選択性**（selective）　それだけで区別に使えるかどうか.
- **連想性**（associative）　ほかの視覚変数と併用した際に，グループの識別に使えるかどうか[†2].
- **定量性**（quantitative）　量を読み取れるかどうか.
- **順序性**（order）　順序を読み取れるかどうか.

選択性と連想性は名義データの表現に必要な性質であり，定量性と順序性はそれぞれ量的データと順序データの表現に必要な性質である．Carpendale[19] や Halik[16] も，さまざまな視覚変数がこれらの性質を備えるかどうかを整理している．それらによると，ほぼすべての視覚変数が選択性と連想性を備えている．明度は順序性も備えており，位置と大きさについては順序性と定量性を備えている．

Cleveland と McGill は，視覚変数による量的データの読み取り精度について調査を行い，視覚変数の順序付けを行った[20]．Mackinlay は，さらに順序データや名義データに関する調査結果を統合した[21]．図 5.11 は Mackinlay が整理した図を日本語化したものである．データの種類ごとに視覚変数の読み取り精度が順位付けられており，上のほうほど値の読み取り作業が正確に行えたことを表している．下方にあるグレーの長方

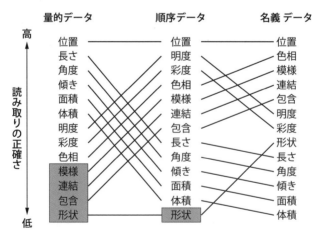

図 5.11　データの種類に対する視覚変数の適性．上のものほど値の読み取りに適している[21].

---

†1 これら以外に，表現できる値の範囲（length）がある．たとえば表示領域が 300 ピクセルの幅しかなければ，横棒の長さで表せるのは 1 から 300 までの 300 通りである．また，256 階調のグレーで表せるのは，黒から白までの 256 通りである．ただし，実用上は 5.2 節でも説明したように，もっと少ない．
†2 類同の要因がはたらくかどうかといい換えてもよいであろう.

形は，それに含まれる視覚変数がその種類のデータには適さないことを表している．な
お，量的データの読み取り精度については，その後，Heer と Bostock がクラウドソー
シングを活用して，Cleveland と McGill の結果を追試している[22]．それによると，角
度と長さはほぼ同じ精度であることが示されている．

　このような情報は視覚変数を選ぶ際の参考になる．視覚的表現を設計する際には，重
要な情報を精度がより高い視覚変数で表すことが原則である．どの種類のデータでも，
位置が最も正確に表現できることから，位置が使える場合には位置を使うとよい．たと
えば，対象データが 2 変量量的データの場合には，2 次元平面上に直交座標を描くこと
で位置が利用できる．3 変量量的データを表現する場合，重要な 2 変量を位置で表現し，
第 3 の変量を大きさなどのほかの視覚変数で表現するとよい．

　位置以外の視覚変数は，データの種類によって適・不適が異なる．また，視覚変数の
中での表現の選び方によっても表現精度は異なる．たとえば，名義データの表現として
色相は模様よりも上位に位置しているが，区別が容易な色相を選ばなければ，適切に選
んだ模様よりも読み取り精度は低くなる．

　なお，図 5.11 には，名義データや順序データの表現として連結や包含が含まれてい
る．これらは，追加図形を利用して項目間の関係として表現する手法であるため，関係
の表現の応用として第 6 章で説明する．

## 演習課題

5.1　値の表現手法を検討する際に気をつけるべきことを，(1)名義データの場合，(2)
　　順序データの場合，(3)量的データの場合のそれぞれについて答えなさい．
5.2　視覚変数（視覚属性）の代表的なものを列挙しなさい．
5.3　色を使って値を表現しよう．(1)名義データの場合と(2)量的データの場合のそれ
　　ぞれについて，色をどのように利用すべきか答えなさい．
5.4　順序データの表現に必ずしも色相が適さない理由を説明しなさい．
5.5　$Q \times Q \times N$ のように表される 3 変量データを表したい．3 変量の適切な表し方を検
　　討しなさい．

# 6 関係の表現手法

情報可視化においては，値の表現とともに，関係をいかに表現するかも重要である．この章では，項目間の関係を視覚的に表現する手法について説明する．項目間の関係の表現は，おもにゲシュタルトの法則の利用が基本となる．加えて視覚変数をうまく利用することで，関係の表現に変化を与えることができる．これらは値の表現手法とともに，複雑な視覚的表現を設計するための基礎となる．

## 6.1 関係の表現の基本手法

図形をただやみくもに平面上に配置しても，関係は表現できない．たとえば，図 6.1 は，点を平面上にランダムに配置したものである．この図からは，とくに関係らしきものは読み取れない[†]．その一方で図 6.2 からは何らかの関係が読み取れそうである．

図 6.1　関係が表現されていない図

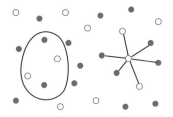

図 6.2　何らかの関係が読み取れる図

### ゲシュタルトの法則の活用

関係を読み手に認識させるには何らかの規則に従う必要がある．その規則の基本的なものが，2.3 節（p.18）で説明した**ゲシュタルトの法則**である．値や項目を表す図形を要

---

[†] より積極的に解釈すれば，特徴的な関係が存在しないことを示しているといえなくもない．つまり，言及すべき関係が「存在しない」ことを伝えたいとしたら，このような表現を利用することもあるかもしれない．しかしながら，読み手が「関係が存在しない」と読み取るかどうかは別問題である．

素としてゲシュタルトの法則がはたらくように表現を構成することで，値や項目間の関係を視覚的に表現できる．関係の表現によく利用される基本的な手法は，以下のものである．

- **集める（近接の要因）** 図形を近くに集めることで，視覚的に集合が表現される（図2.4）．さらに，位置の遠近によって関係の強弱（集合間の類似性や要素間の類似性）も表現できる．
- **並べる（連続の要因）** 図形を規則的に並べることで，それらが視覚的にほかから区別され，集合が表現される（図2.7）．並べ方の規則性によって，順序も表現できる．
- **つなぐ（連結の要因）** 二つの図形を線でつなぐことで，視覚的に項目間の関係が表現される（図2.6）．二つの図形をつないで関係を表すため，表現される関係は2項関係である．さらに，複数の図形を連続的につなぐことで，順序も表現できる．
- **囲む・分割する（包囲の要因）** 図形群の占める領域を線や面を用いて指示することで，視覚的に集合が表現される（図2.9）．
- **見かけを揃える（類同の要因）** 図形群に，視覚変数を割り当てることで，視覚変数の共通性によって集合が表現される（図2.5）．

## 能動的な利用と受動的な利用

関係の表現のためのゲシュタルトの法則の利用には，能動的な利用と受動的な利用がある．**能動的な利用**とは，組，集合，ネットワーク，階層構造などのデータ構造を表現するために，集合，順序，2項関係を表せる手法（囲む，並べる，つなぐ，など）を利用するものである．それに対して，**受動的な利用**とは，ある表現規則に従って可視化した結果として現れる関係表現を利用するものである．たとえば，散布図や折れ線グラフにおいて，項目を配置した結果，近接の要因や連続の要因がはたらき，クラスタやトレンドが見えることがある．このように，ある可視化の結果として，ゲシュタルトの法則がはたらき関係が表現されるものは，受動的な利用である．関係の表現手法の利用には，このような受動的な利用を期待した使い方も多い．

## 図形の共有による関係の表現

2種類以上の視覚変数が一つの図形を**共有**することで，値が組をなすことを表現できる．図6.3には，四つの図形が描かれている．左側の二つは円で，右側の二つは正方形である．また，上側の二つは青で，下側の二つは白である．右上の図形に着目すると，

一つの図形を，色「青」，形状「正方形」が共有している．この図形により，青の表す値と正方形が表す値の組を表すことができる．この例では，そのほかにも，位置や大きさも一つの図形を共有しているといえる．

図 6.3　「共有する」の例

# 6.2　慣習による意味

基本図形の配置やそれらで構成される概形によって，さまざまな意味が読み取れる場合がある．あらかじめ約束することなしに読み取れるそのような意味は，人々のこれまでの学習や社会生活を通して獲得した経験によるものと考えられる．すなわち，慣習に基づく意味といえる．このような慣習による意味は，多くの人に対して説明なしに使うことができるため，視覚的な情報伝達を効率化できる．ただし，文化的背景が異なると意味を取り違える可能性があるので，過信は危険である．

### 配置から読み取れる意味

図形の配置が，ゲシュタルトの法則が与える以上の意味を与える場合がある．つまり，特別に約束しなくても，多くの人が共通して読み取るような意味を配置によって与えることができる．このような意味を，出原らは**規約的意味**とよんでいる[3]．図 6.4 に配置の意味を示す．いずれも位置的な関係が意味的な関係を表現している．

### 概形から読み取れる意味

図の概形だけから意味を読み取れる場合がある．たとえば，図の細部まで見えなくとも，基本図形のおおまかな並べ方から，どのような構造のデータを表現しているか推測できることがある．図 6.5 に代表的な概形を挙げる．概形は視覚的表現において最初に知覚あるいは認識されることから，意味が読み取れるような概形の利用は情報伝達の効率化に有効である．

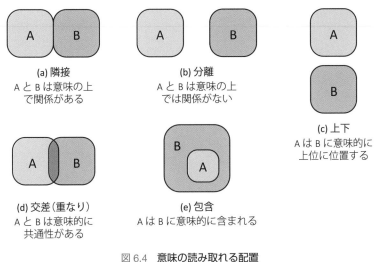

図 6.4　意味の読み取れる配置

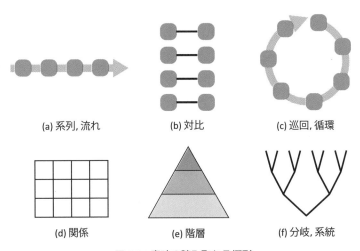

図 6.5　意味の読み取れる概形

## 6.3 ● 関係の付加情報の表し方

　関係は論理的な有無だけでなく，向き（名義データ）や強さ（順序データや量的データ）のような値が付随することがある．関係の強さのことを関係の「重み」とよぶこともある．このような値は，関係の表現手法に値の表現手法を組み合わせることで表現できる．

## 🌑 関係の向きの表し方

2項関係の表現において，向きの表現が必要になる場合がある．2項関係が「つなぐ」によって表現されている場合，すなわち関係が線分で表現されている場合には，以下の2通りの手法のどちらか，あるいは両方が利用されることが多い．

- 始点と終点の位置関係で表現する
- 線分の視覚変数で表現する

2項関係が「並べる」によって表現されている場合，すなわち関係が表のような配列で表現されている場合には，すでに配置により向きが表されているはずである．そのため，配置に基づいて向きを約束するだけでよく，向きの表現をあらためて追加する必要はない．

## 🌑 線分への向きの情報の付与（1）

関係が線分で表現されている場合の向きの表し方の一つが，配置が表現する意味の取り決めを利用するもので，始点と終点の位置関係で向きを表現する．図 6.6 は始点と終点の位置関係で向きを表現した例である．図 6.6(a) では，始点に対して終点が下にあると約束している．それに対して，図 6.6(b) では，始点に対して終点が右にあると約束している．見かけ上は同じリンク（(a)の一番右と (b)の一番下）が，取り決めによって向きが逆になっていることに注意してほしい．背景にある大きな矢印は，取り決めを表すために追加したものであり，実際には表示されない．

取り決めは慣習に沿うとよい．たとえば，時間軸は左から右に時間が進むように描かれることが多い．これは，配置の規約的意味の一例であり，関係線の向きを左右方向で表す場合には，右向きで表すほうが慣習に沿っているといえる．規約的意味を利用する

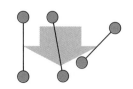

(a) 上から下に向いているとする場合

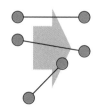

(b) 左から右に向いているとする場合

図 6.6　位置関係による線の向きの表現

場合でも，配置に関する約束は明記する必要がある．約束を明確にしておかないと，誤解を招く危険性がある．

## 線分への向きの情報の付与（2）

関係が線分で表現される場合の向きの表し方として，線分の視覚変数を用いる方法もしばしば利用される．図6.7に視覚変数を用いた向きの表現例を示す．矢印は終点側の形状を変えることで，終点を始点と区別している．明-暗あるいは暗-明は，始点側と終点側の明度を変えることで，終点を始点と区別している．緑-赤も，始点側と終点側の色相を変えることで，終点を始点と区別している．色相の組み合わせは，青-黄など，ほかの組み合わせも可能である．テーパーは，始点側と終点側の太さを変えることで，終点を始点と区別している．曲線は，線分全体の形状を曲線にすることで，「時計回りに曲がる方向に向かう」というような約束により向きを表すものである．

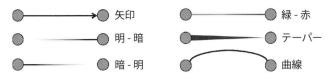

図6.7　**視覚変数による線の向きの表現**（カラー図版も参照）

これらはそれぞれ単独で向きを表現することもできるが，2種類以上を組み合わせることも可能である．たとえば，テーパーと暗-明を組み合わせる，テーパー，暗-明，曲線の3種類を組み合わせることもできる．ただし，組み合わせによっては冗長であったり，効果が相殺されたりすることがある．テーパーと暗-明は見た目が似ており，視覚的には類似の効果があるため†，とくに解像度が十分に確保できない場合などには，組み合わせの効果はあまり期待できない．また，テーパーと明-暗の組み合わせは，相互に逆の効果を与える表現であるため，結果的には向きをうまく表現できない．

### 向きの表し方の優劣

Holtenらは，向きの表現方法の優劣を調査した[23]．図6.8はその調査結果を示したものである．テーパーが最も効果的であり，曲線が最も低評価である．図6.8でも向きの表現に矢印を利用しているが，このように広く使われている矢印もあまり効果的ではないという結果が得られている．矢印は，広く利用されているため，ほぼ約束なしに利

---

† 1ピクセルよりも細い線分を表現するために，しばしば明度を落としたグレーが用いられる．

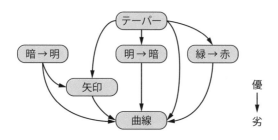

図 6.8　向きの表現方法の優劣

用することができる反面，矢じりの部分を見なければ，向きを判断できないという弱点がある．つまり，比較的長い線分が描かれている図において，矢印ではどちらかの端点を見なければ向きが判断できないのに対して，テーパーや色を利用した表現では線分のどの一部分を見ても向きを判別できる．

## 双方向の関係の表し方

　二つの項目間の関係に向きを想定するとき，ある向きの関係に加えて，それと逆向きの関係が同時に存在すること，すなわち双方向の関係も考えられる．双方向の関係は，それらをまとめて関係に向きがないとして扱うこともあるが，向きがない関係とは区別して扱いたい場合もある．双方向の関係の表し方を，関係を一つの線で表現する場合と，二つの線で表現する場合に分けて考えよう．

- **一つの線で表現する場合**　双方向の関係を一つの線で表現する場合には，前項で説明した表現方法の多くは利用できない．たとえば，明-暗や緑-赤などのグラデーションやテーパーを用いる方法を，一つの線に対して同時に逆向きには適用できない．ただし，矢印は端点の形状を変更するだけなので，図 6.9(a)のように，線の両端の形状を矢じりに変更することで，双方向の関係を表現できる．表現間の優位性では，矢印はあまり優位ではなかったが，線分の全体に影響を与えないため，問題なく双方向の表現に利用できる．

- **二つの線で表現する場合**　双方向の関係を二つの線で表現する場合には，前項で説明した表現方法をすべて利用できる．ただし，多くの場合において，二つの線が近くに配置されることに注意する必要がある．明-暗と暗-明の逆向きのグラデーションがごく近くに配置されると，見た目にはほぼ均一のグレーに見えるかも知れない．これでは，関係がないとするのと同じである．そのような視覚的な混乱を避

(a) 一つの線に矢印をつける

(b) 距離を保持した二つの曲線の
視覚変数を利用する

図 6.9　双方向の向きの表現

けるためには，二つの線の間をある程度離す必要がある．そのためには，図 6.9(b)
のように，曲線を利用するのも一案である．曲線は向きの表現としてはあまり効果
的ではないが，二つの線分を曲線を利用して距離を離しておいて，視覚変数を適切
に用いることで，双方向の関係を表現できる．

## 関係の強さの表し方

　関係が基本図形によって表現されている場合には，関係を表す図形の視覚変数を利用
することで関係の強さを表すことができる．「つなぐ」や「囲む」などで関係が表され
ている場合には，この方法が利用できる．

- **連結図形による強さの表現**　関係が「つなぐ」によって表現されている場合，連結
  図形（線）の視覚変数を利用して関係の強さを表すことができる．図 6.10 に連結
  図形による強さの表現の例を示す．

(a) 太さによる強さの表現

(b) 明度による強さの表現

(c) 模様（線種）による強さの表現

図 6.10　連結図形による強さの表現

- **境界線による強さの表現**　関係が「囲む」によって表現されている場合，領域を表
  現する境界線の視覚変数を利用して関係の強さを表すことができる．図 6.11 に境
  界線による強さの表現の例を示す．ただし領域を利用した関係の表現であっても，
  境界線が明示されない場合や，境界線を二つの集合が共有する場合には，この方法
  は利用できない．

(a) 太さによる強さの表現　　(b) 明度による強さの表現　　(c) 模様（線種）による強さの表現

図 6.11　境界線による強さの表現

● **位置による強さの表現**　第 12 章で紹介するデンドログラムでは，項目をつなぐ縦線[†]の位置が関係の強さを表す．図 6.12 にデンドログラムの例を示す．このデンドログラムは，A から J までの 10 項目が階層的にクラスタを構成していることを表している．縦線がクラスタを表し，横方向の位置が関係の強さを表している．A と B をつなぐ縦線が最も右にあり，次が I と J であることから，A と B の関係が最も強く，次が I と J であることがわかる．

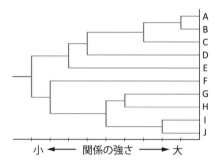

図 6.12　デンドログラムにおける位置による関係の強さの表現

## 6.4 ● 関係の表現による値の表現

　図 5.11（p.58）には，名義データや順序データの表現として，連結や包含が含まれている．これらは，追加図形を利用することで，値を項目間の関係として表現する手法である．

### ● 関係の表現による名義データの表現

　ここでも，図 5.2（p.48）に示すような名義データを視覚的に表現することを考えよう．

---

†　図 12.4 のように，根が最上部に，葉が最下辺に並ぶように配置する場合には，横線となる．

- **連結による名義データの表現**　図 6.13(a)では，産地ごとに項目を連結線でつないでいる．二つの項目を線でつなぐことで，それらが同じ値をもつことを表している．直接つながっていない項目も，間接的に（推移的に）つなぐことで同じ値をもつことが表される．値は連結線のそばに産地を表すラベルを添えることで表している．

- **包含による名義データの表現**　図 6.13(b)では，産地ごとに項目を閉曲線で囲んでいる．つまり，項目を閉曲線で囲むことで，それらが同じ値（産地）をもつことを表している．値は閉曲線の側に産地を表すラベルを添えることで表している．なお，包含による名義データの表現は集合の表現とみなすこともできる（第 10 章参照）．

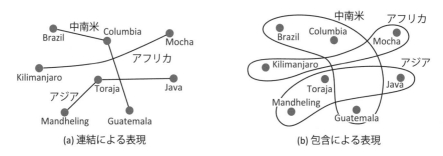

(a) 連結による表現　　(b) 包含による表現

図 6.13　関係の表現を用いた名義データの表現

## 関係の表現による順序データの表現

ここでは，図 6.14(a)に示すような順序データを視覚的に表現することを考えよう．

- **連結による順序データの表現**　図 6.14(b)は，順序を矢印による連結で表したものである．このように，項目自体の視覚変数ではなく，項目間を連結する図形を付与することでも順序を表現できる．ただし，5.3 節で説明した表現とは異なり，連結による表現は，各項目の表現単独で値が読み取れるわけではなく，項目間の関係に

(a) 順序データの例　　(b) 連結による表現　　(c) 包含による表現

図 6.14　関係の表現を用いた順序データの表現

よって相対的に順序を表したものである.

● **包含による順序データの表現**　図 6.14(c)は，順序を閉曲線による包含で表したものである．連結による表現と同様に，項目自体の視覚変数ではなく，包含関係を表す図形を付与することで順序を表現している．こちらも，各項目の表現単独で値が読み取れるわけではなく，項目が包含関係のどこに位置するかによって順序を表している.

# 6.5 ● 関係の表現によるデータ構造の表現

　関係の表現手法を利用してデータ構造を表現することができる．表 6.1 は，データ構造を表現できる関係表現の基本手法を示している．表からわかるとおり，「つなぐ」のように，一つの手法でいくつかのデータ構造を表すことができるものもある.

表 6.1　関係の表現によるデータ構造の表現

| データ構造 | 関係の表現 |
| --- | --- |
| 組 | 共有する，つなぐ |
| 集合 | 囲む・分割する，集める |
| ネットワーク | つなぐ（二つのノードをつないでエッジを表す） |
| 階層構造 | つなぐ（二つのノードをつないで親子関係を表す） |

## ● 演習課題

6.1　関係を視覚的に表現するための手法を 6 種類列挙しなさい.

6.2　関係表現の能動的な利用と受動的な利用の違いを説明しなさい.

6.3　図の概形から読み取れる意味を「概形の意味」という．情報を図で視覚的に表現することの利点を，概形から読み取れる意味に関連付けて説明しなさい.

6.4　関係が線分で表されている場合に，関係の向きを表す方法を説明しなさい.

6.5　グループ A とグループ B にはどちらも同じ人数（10 名）のメンバーが所属しているとしよう．両方に所属している人はいないとする．グループ A のほうが，メンバー間の結束力が B よりも 2 倍強いこと読み取れるような視覚的表現を「囲む」による関係の表現を用いて作成しなさい.

# 7 視覚的表現

可視化処理（p.12 の図 1.4）の後半は視覚的表現の形成である．視覚的表現はいわゆる図ではあるが，情報を表現するという役割から言語的な性質を備える必要がある．情報可視化においては，よい視覚的表現というものを理解しておくことも重要である．さらに，視覚的表現の形成にあたっては，いくつかの規則を設定しておく必要がある．規則には目的があり，その目的によって分類できる．これらを理解することで，効果的な視覚的表現の設計や拡張が可能になる．

## 7.1 視覚的表現が備えるべき性質

視覚を利用した情報の表現には，文，式，図，絵，写真などさまざまな種類がある．情報可視化で用いる視覚的表現はある種の「図」である．ただし，以下の二つの性質を備える必要がある．

- 2 次元（あるいは 3 次元）的広がりをもつ．
- 言語的性質をもつ．

表現が 2 次元平面的（あるいは 3 次元空間的）広がりをもつことで，表現の全体を俯瞰でき，表現された情報を全体から詳細に向かう順で把握できる．また，表現の概形を見ることで，表現された情報の概要を把握できる．

言語的性質をもつとは，言語の要件を満たすとともに，言語的な能力を備えることである．言語的性質を備えることで，読み手にとって未知のデータを効率的に伝えることができる．

### 言語の要件

視覚的表現が言語的性質を備えるためには，言語の要件を満たす必要がある．言語の要件とは以下の二つである．

1. 意味単位（単語）とそれらの配置規則（文法）によって，無限の表現（文）を作ることができる．

2. 要素（単語）の意味とその配置規則（文法）から，表現（文）の意味を導き出すことができる．

　第 1 の要件は，新しい情報を表現できることを意味する．視覚的表現がこの要件を満たすことで，まだ可視化されていない新しいデータでも可視化することができる．第 2 の要件は，初見の表現の意味を理解できるということである．視覚的表現がこの要件を満たすことで，はじめて見た視覚的表現からでも，それが表現するデータを読み取ることができる．

## 言語の能力

　視覚的表現を言語とみなす場合，その言語的な能力についても意識する必要がある．言語としての能力には，表現力と有効性という観点がある．

- **表現力（expressiveness）** 言語の表現力とは，表したい情報を厳密に表せる能力である．以下のようにいい換えることができる．

  - 対象となる情報をすべて表せる（不足がない）
  - 対象となる情報だけを表せる（余分がない）

  過不足があると誤解を与える危険性がある．不足があると，表すべき情報を表せないということになる．逆に余分があると，ない情報をあるかのように見せてしまうことになる．表現力は言語としての定義，すなわち文法と意味で決まる．

- **有効性（effectiveness）** 言語の有効性とは，情報を効果的あるいは効率的に表せる能力であり，以下のような側面で評価できる．

  - 正確に読み取れる
  - 素早く読み取れる

  有効性は読み手の能力にも依存するため，読み手に合わせた視覚的表現の設計が必要となる．

# 7.2 ● 視覚的表現の構成

　視覚的表現の基本的な役目は，データを表現することである．データをどう表現するかという課題を逆に眺めると，視覚的表現をどう構成するかという課題になる．これらは以下のような課題である．

- **データをどう表現するか？**

  - 項目（データの構成要素）をどう表現するか？
  - 項目に付随する値をどう表現するか？
  - 項目間（要素間）の関係をどう表現するか？

- **視覚的表現をどう構成するか？**

  - どのような図形を用いるか？
  - どのように図形に視覚変数を割り当てるか？
  - どのように図形を配置するか？

## ● 視覚的表現の構成要素とそれらの関係

　視覚的表現は，表現空間とその空間に配置される基本図形から構成される．基本図形はそれ自身が情報を表現するとともに，色や大きさなどの視覚変数によってもさまざまな情報を表現する．基本図形の配置はある規則（**配置規則**）に従い，その配置によっても情報を表現する．視覚的表現を構成するための規則をまとめて**表現規則**とよぶことにする．図 7.1 は視覚的表現の構成要素の関係を説明したものである．

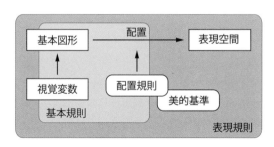

図 7.1　**視覚的表現の構成要素の関係**

## 表現空間

表現に利用できる時空間は以下のとおりである.

- **2 次元（平面）** 最も利用されている表現空間は 2 次元平面である. ディスプレイ, スクリーン（プロジェクタ）, 紙（プリンタ）など, 表示装置も豊富にある.

- **3 次元（空間）** 3 次元空間も表現空間として利用できる. 2 次元の表示装置に 3 次元空間を投影する方法が採られることが多いが, ヘッドマウントディスプレイ（HMD）や 3D プリンタも普及してきたことから, 3 次元の表示装置で表現することも一般的になりつつある.

- **2 次元＋時間, 3 次元＋時間** 2 次元平面や 3 次元空間に時間の次元を加えた時空間を表現空間として利用することも多い. ディスプレイやプロジェクタなど動的な表示が可能な装置を利用する場合に限られるが, 視覚的な表現に動き（アニメーション）を利用できる.

### 表現空間の独立性と制約

表現空間の次元とは, 視覚的表現が情報を表現するために利用する時空間の次元のことである. 表現されるデータの次元とは独立に考えることができる. たとえば, 3 次元データであっても, 多くの場合には 2 次元平面上に表現することが求められる. また, 必ずしもデータの時間次元を表現空間の時間次元で表現する必要はない. たとえば, 日々の気温は時間次元のあるデータの代表であるが, 2 次元平面上に時間軸を取ることで, 表現空間の時間次元を利用することなく表現できる.

表現空間の次元には制約もある. 最も重要なことは, 人間が知覚できるということである. 我々は 4 次元以上の空間を想像することが難しいため, 4 次元以上の空間を表現空間として用いることは適当でない. また, 表現できるメディアや装置が存在することも重要である.

### 3 次元（空間）の問題

表現空間としての 3 次元には, 裏面に提示された情報が見えない, 隠蔽（手前のものが後ろを隠す）によって情報が失われる, 投影法によって表現の歪曲が起こるといった問題がある. このような問題があっても 3 次元空間を利用したい状況は存在する. したがって, これらの問題は 3 次元の利用を排除するものではないが, 単なる見栄えのよさで 3 次元空間を利用すべきではない. 視覚的表現の設計においては, 問題点を踏まえて 3 次元を利用する必要性を検討すべきである.

## 基本図形

**基本図形**[†]は記述言語における単語に相当するもので，視覚的表現における意味的な基本単位といえる．基本図形は図形の次元によって，以下のように分類できる．

- **点（0次元図形）** 小円が代表的であるが，文字，ラベル（文字列），アイコン，サムネイル画像なども点として利用される．0次元の図形とみなされ，領域を占めているとは考えない．
- **線（1次元図形）** 直線が代表的であるが，折れ線，曲線も利用される．また，実線だけでなく，点線や破線なども利用される．1次元の図形とみなされ，領域を占めているとは考えない．
- **面（2次元図形）** 閉曲線あるいは色分けなどによって，ほかと区別された領域である．
- **立体（3次元図形）** 閉曲面あるいは色分けなどによって，ほかと区別された空間的領域である．

基本図形は，それぞれ情報を表現するための機能を備えており，それ自身が情報を表現するとともに，表現空間内での配置によっても情報を表現する．表 7.1 は，基本図形が備える情報表現の機能を整理したものである．

表 7.1 **基本図形の機能**

| 基本図形 | 機　能 |
|---|---|
| 点 | 存在を表す．位置を表す． |
| 線 | （長さで）量を表す．方向を表す．軌跡を表す．二つのものを連結する．領域を分割する． |
| 面 | （面積で）量を表す．領域を表す．空間的な領域を分割する． |
| 立体 | （体積で）量を表す．空間的な領域を表す． |

## 視覚変数

基本図形は視覚変数によって修飾される．たとえば基本図形の点は，視覚的表現に利用する際には，色や形状が定められ，ある位置に配置される．色，形状，位置が変わっても，点であることが担う本質的な機能に変わりはない．しかしながら，色，形状，位置などを変えることで，表現する情報を変えることができる．

---

[†]「単位図形」，「図素」，「マーク（mark）」ともよばれる．

## 配置規則

視覚的表現が言語的性質を備えるためには，文法を備える必要がある．**配置規則**は視覚的表現の文法であり，基本図形を配置するための規則である．図7.2では2種類の視覚的表現の配置規則を紹介している．

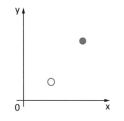

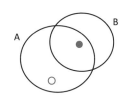

(a) 座標系を表す座標軸を配置．
座標軸に従って点を配置．

(b) 領域を表す閉曲線を配置．
閉曲線の内外に点を配置．

図7.2　配置規則の例

## 基本規則

読み手が視覚的表現を理解するためには，表現規則について描き手と合意しておく必要がある．ただし，描き手が表現規則の全体を把握しておく必要があるのに対して，多くの場合，読み手はその一部だけを承知していれば十分である．そのような，描き手と読み手が合意しておくべき規則を**基本規則**とよぶことにする．図7.1における青色の部分が基本規則に相当する．基本規則は，データをどう表現するか，あるいは視覚的表現をどう構成するか，という観点での基本的な規則である．

図7.3は，3地点の気温と湿度の関係を表した散布図である．表7.2は，この散布図の基本規則を表している．基本規則は，項目および項目に付随する値の表現方法を含む必要がある．そのため，表7.2では，項目の表し方に加えて，気温 $Q_1$，湿度 $Q_2$，地点 $N$ の表し方を説明している．ここで，二重線の矢印（⇒）はデータと表現の関係を表すことにする．たとえば，「項目 ⇒ 点」は，「項目を点で表す」という意味であり，「地点 $N$ ⇒ 点の色相」は「地点を点の色相で表す」という意味である．なお，厳密な基本規則としては，「地点を点の色相で表す」だけでは不十分であり，「札幌を緑，東京を青，那覇を赤で表す」というような値と視覚変数の対応まで合意しておく必要がある．

図7.4は週単位の平均気温を表した折れ線グラフであり，表7.3はこの折れ線グラフの基本規則を表している．図7.4の対象データは「時刻 $T$ → 気温 $Q$」であり，時刻と

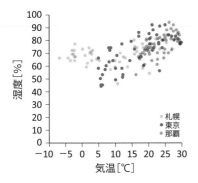

**図7.3 気温と湿度の関係を表した散布図**
（カラー図版も参照）
［データの出典：気象庁ホームページ］

**表7.2 気温と湿度の関係を表した散布図の基本規則**

| 対象データ | 気温 $Q_1$ ×湿度 $Q_2$ ×地点 $N$ |
|---|---|
| 基本図形 | 項目 ⇒ 点 |
| 視覚変数 | 地点 $N$ ⇒ 点の色相 |
| 配置規則 | 気温 $Q_1$ ⇒ 点の横方向の位置<br>湿度 $Q_2$ ⇒ 点の縦方向の位置 |

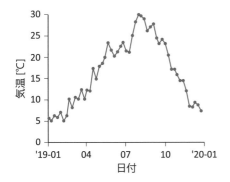

**図7.4 気温の変化を表した折れ線グラフ**
［データの出典：気象庁ホームページ］

**表7.3 気温の変化を表した折れ線グラフの基本規則**

| 対象データ | 時刻 $T$ → 気温 $Q$ |
|---|---|
| 基本図形 | 項目 ⇒ 点<br>項目を $T$ の順に線でつなぐ. |
| 視覚変数 | ——— |
| 配置規則 | 時刻 $T$ ⇒ 点の横方向の位置<br>気温 $Q$ ⇒ 点の縦方向の位置 |

気温を読み取るためには，項目および時刻 $T$ と気温 $Q$ の表し方を説明すれば十分である．ただし，折れ線グラフの場合には，項目をつなぐ線分が描かれている．この線分は対象データを構成する値を直接表していない．そのため，描き手と読み手で合意が必要かどうかについては意見が分かれるだろうが，視覚的表現の構成要素を説明するという点においては，基本規則に含めるべきであろう．そうしなければ，描き手はこの線分の意味について疑問を抱えることになる．そのため，表7.3には，「項目を $T$ の順に線でつなぐ」という一項目が入れてある．

　図7.5は階層データを表した連結図である．表7.4はこの連結図の基本規則を表している．この連結図における基本的な表現は，連結線で点をつなぐことであり，点の相対的な位置関係（上下関係）で親子の向きを表している．

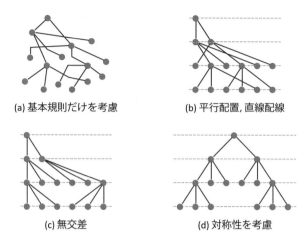

(a) 基本規則だけを考慮　　　　　　(b) 平行配置, 直線配線

(c) 無交差　　　　　　　　　　(d) 対称性を考慮

図 7.5　階層データを表した連結図

表 7.4　階層データを表した連結図の基本規則

| 対象データ | 根付き木 |
|---|---|
| 基本図形 | ノード ⇒ 点<br>親子関係 ⇒ 線 |
| 視覚変数 | ——— |
| 配置規則 | 親を子よりも上に置く. |

## 🌕 表現上の自由度

　図 7.3 や図 7.4 に示した例では, 点の位置でデータを表している. 基本規則によって点の配置が定まるため, 点の配置に自由度は残されていない. その一方で, 図 7.5 に示した連結図では, 連結線が図形をつないでいることと点の相対的な位置関係が, 階層データの基本である親子関係を表しており, 個々の点の位置は基本的には意味をもたない. そのため, 連結図における点の配置には表現上の自由度がある.

　基本規則を逸脱しない変形は表現される基本的な情報に影響を与えない. それだけではなく, 変形により高次の情報が見える可能性がある. たとえば, 図 7.5 に示した四つの図は, いずれも表 7.4 に示した基本規則に従っている. そのため, 図 7.5(a) からでも個々の親子関係およびそれらから構成される階層データを読み取ることは可能である. しかしながら, ルートの子がいくつあるか, それぞれの子に子 (ルートの孫) がいくつあるかといった情報を読み取ることは簡単ではない. 図 7.5(a) に比べて図 7.5(b) のほうが各世代の数は把握しやすく, それに加えて, 図 7.5(c) は各ノードの子の数まで把

握しやすい．さらに，図 7.5(d)では，階層データが構造的に対称性を備えていることも容易に読み取れる．このように基本規則に含まれない作図上の工夫により，図から読み取れる（読み取りやすい）情報が異なる．データを個別に眺めても見つけられない高次の情報を見せることに可視化の意義があるとすると，基本規則に含まれない作図上の工夫は非常に重要である．その一方で，読み手は，このような作図上の工夫を意識する必要はない．説明されなくても気付くことも多く，また気付かなくても理解に悪影響はない．

## 作図規則

視覚的表現を作成するにあたり描き手が従うべき規則を**作図規則**とよぶことにする．基本規則も作図には欠かせない規則であることから，作図規則に含まれるが，ここでは基本規則に含まれないものに焦点を合わせる．つまり，ここでは，図 7.1 の青色で示した基本規則に含まれない部分を作図規則とよんでいる．表 7.5 は，図 7.5(d)に示した連結図の表現規則を表している．ここで，この図を読み取るためには，平行配置や直線配線については意識する必要はないため，それらは基本規則には含まれない．図 7.5(b)は表 7.5 に示した作図規則の一部（無交差以外）を，図 7.5(c)は全部を考慮した図といえる．

表 7.5　階層データを表した連結図の基本規則，作図規則，美的基準

| 対象データ | 根付き木 |
| --- | --- |
| 基本規則 | ノード ⇒ 点<br>親子関係 ⇒ 線（ただし，上を親とする） |
| 作図規則 | ノード：平行配置<br>エッジ：直線配線，無交差 |
| 美的基準 | 隣接ノードに対する横方向のバランスをとる（子の中心に親を配置する）． |

## 美的基準（可読性基準）

記述言語では，文法的には正しくても，わかりやすい表現と難解な表現がある．視覚的表現においても，可読性の高い表現を得るには作図規則を超えた作法が必要になる．そのため，基本規則や作図規則に含まれない配置の自由度に対して，**美的基準**が設定される．図 7.1 に示したように，美的基準は配置規則を拡張するものであり，基本規則の

外に位置する．美的基準は視覚的表現をより読み取りやすくするための努力目標であり，**可読性基準**ともよばれる．

美的基準を厳格な規則ではなく努力目標として設定するのには理由が二つある．一つは，必ずしもすべての基準を厳密には満たせないということである．多くの場合，複数の基準が採用され，それらが互いに競合することがある．たとえば，連結図の代表的な美的基準として，連結線の交差数最小化と構造的な対称性の明示が考えられる．これらはどちらも美的基準として採用されることが多いが，必ずしも両方を同時に満たすことはできない．そのため，努力目標として設定され，基準の間には優先度が設定される．

もう一つの理由は，基準を厳密に満たす解（最適解）の計算に膨大な時間がかかる場合があるということである．連結線の交差数を最小化するための最適解を求めるには，考えられるすべての順序でノードを並べ替えて交差数を調べなければならない場合がある．このような場合には，データの規模が少し大きくなると，現実的な時間で最適解を求めることができなくなる．厳密ではないがそこそこ満足できる解は準最適解とよばれる．交差数が最小でなくても，実用上は十分な可読性が得られることも多い．そのため，現実的な計算時間で配置を求めるために，このような準最適解でよしとすることも多い．

### ✑ 静的基準と動的基準

美的基準は静的基準と動的基準に分けられる．**静的基準**とは，あるデータを可読性の高い一つの視覚的表現として描く際に有効な基準である．それに対して，**動的基準**とは，表現空間の時間軸も考慮した美的基準である．対話的にデータを変更する場合やデータが動的に変化する場合など，視覚的表現もそれに伴って変化する．そのとき，新しい視覚的表現と以前の視覚的表現との見かけ上の「差」を小さくするのが動的基準である．

たとえば，スーパーマーケットでの商品の配置は，お客さんが快適に買い物ができ，売り上げが伸びる配置がよいであろう．これは静的基準である．改装して売場の配置が変わったスーパーマーケットで，商品探しに苦労した経験がある人は少なくないだろう．これは，頭の中にある売場の地図と現実の配置が異なるために起こる混乱に起因する．このような混乱が起きないようにするのが動的基準である．動的基準では，頭の中の配置（メンタルマップ）と現実の配置の間の対応関係を維持することが重要である[24]．

## ● 変形可能性と拡張可能性

視覚的表現は，基本規則に反しない範囲内で変形や拡張が可能であることも多い．本書では，**変形可能性**と**拡張可能性**を「変形・拡張」と表すことにする．参考のために表現

規則の説明に添えるが，変形・拡張は視覚的表現の構成要素ではないため，図7.1には含まれない．

### 変形可能性

表現空間の制約などに対応するために，全体の形を変えても構わないことがある．たとえば，図7.3のような散布図において，縦軸と横軸を入れ替えても，表される情報には基本的に影響はない[†]．横軸の範囲が大きい散布図を縦長のスペースに配置するために，縦横を入れ替えると都合がよいことがある．また，図7.5に示した連結図では，ノードの上下の位置関係で親子の向きを表しているが，左右の位置関係で表すことにすれば，90°回転させた図にすることができる．

### 拡張可能性

多くの視覚的表現が視覚変数を利用してデータを表すが，すべての種類の視覚変数を利用しているわけではない．そのため，使用していない視覚変数は，規定された表現に競合しなければ別のデータの表現に利用できる．たとえば，散布図は点の位置で2変量を表すことを基本とし，点の位置以外の視覚変数は利用していない．それに対して，図7.3に示した散布図は地点を表すために色相を利用している．これは散布図の拡張可能性を利用して，第3の変量である地点を表せるようにしたものといえる．

## 7.3 表現系

視覚的表現の文法ともいえる表現規則は無数に存在するが，そこで用いられる基本的な表現手法に着目すると，いくつかの表現系に分類することができる．ここでは，以下のような4種類の基本系に着目することにする．

- **座標系**　位置による値の表現を基本とする．
- **整列系**　「並べる」による関係の表現を基本とする．
- **連結系**　「つなぐ」による関係の表現を基本とする．
- **領域系**　「囲む・分割する」による関係の表現を基本とする．

なお，関係の表現手法である「集める」は受動的な利用が多いが，能動的な利用においても上記の表現系のどれかで利用される事が多い．また，「見かけを揃える」も，配置とは独立に利用できるため，さまざまな表現系において併用される．

---

[†] キー属性は慣習に倣って横軸で表すほうがよい．

## 🔵 座標系

　座標系[†1]は，位置による量的データの表現を基本とする表現系である．まず，位置を利用するための基盤となる座標系*（直交座標系や極座標系など）を定める．そして，その上に項目を表す基本図形を配置する．表 7.6 は座標系の代表的な表現規則を表している．

表 7.6　**座標系の代表的な表現規則**

| 対象データ | 多変量データ，地理データ，時刻データなど |
|---|---|
| 基本図形 | 項目 ⇒ 基本図形 |
| 視覚変数 | ——— |
| 配置規則 | 値 ⇒（基本図形の）位置<br>座標軸（線）や地図などを利用して，座標系*を定める． |
| 変形・拡張 | 座標軸を入れ替えてもよい． |

### 🔵 準座標系

　座標系では個々の項目の絶対的な位置によって値を表すが，項目間の相対的な位置関係によって項目間の関係を表す手法もある．このような表現系を**準座標系**とよび，広義の座標系に含めることにする．

## 🔵 整列系

　整列系[†2]は，整列（並べる）による関係の表現を基本とする表現系である．いわゆる表のような形態であることが多い．基本図形の一連の並びに，ある共通の意味をもたせることでデータを表現する．一連の並びが縦と横であるとき，縦横の交点において関係を表現する．並びを明確にするために，枠線（罫線）によって表現空間を区分けし，区分けされた領域に基本図形を配置することも多い．表 7.7 は整列系の代表的な表現規則を表している．

---

†1 数学における「座標系」と密接に関連しているが，厳密には異なる意味で用いている．本章では，数学における「座標系」の意味で用いている語には「*」を添える．
†2 出原らは「行列系」や「配列系」とよんでいる[3]．

表 7.7　整列系の代表的な表現規則

| 対象データ | 多変量データなど |
|---|---|
| 基本図形 | 項目 ⇒ 基本図形 |
| 視覚変数 | ——— |
| 配置規則 | 共通の値をもつ項目を表す基本図形を縦や横に並べる，あるいは，表現空間を枠線（罫線）で離散的に区分けし，区分けした領域内に基本図形を配置する，など. |
| 変形・拡張 | 縦や横の並びを入れ替えてもよい. |

## 連結系

　連結系は，連結（つなぐ）による関係の表現を基本とする表現系である．多くの場合，点で項目を表し，それらを連結する線で，項目間の関係を表す．連結の要因（ゲシュタルト要因）を利用することが表現の要点である．連結系においては連結が意味をもち，連結線でつながっているかどうかが情報を表現する．空間内における位置は基本的には意味をもたない．ただし，表現規則によっては，空間内の位置関係を利用する場合もある．表 7.8 は連結系の代表的な表現規則を表している．

　なお，点ではなく，面で項目を表し，それらの隣接（接触）によって項目間の関係を表す表現手法もある．このような手法も連結系の表現手法に含めることにする．

表 7.8　連結系の代表的な表現規則

| 対象データ | ネットワーク，根付き木など |
|---|---|
| 基本図形 | 項目 ⇒ 点<br>項目間の関係 ⇒ 点をつなぐ線 |
| 視覚変数 | ——— |
| 配置規則 | ——— |

## 領域系

　領域系は，領域（囲む・分割する）による関係の表現を基本とする表現系である．まず，線や面によって領域を表現する．そして，領域間の位置関係や，領域と基本図形との位置関係を利用してデータを表現する．領域系においては領域が意味をもち，領域の内側にあるか外側にあるかで情報を表現する．その一方で，領域内における局所的な位

表 7.9　領域系の代表的な表現規則

| 対象データ | 集合など |
|---|---|
| 基本図形 | 領域 ⇒ 線や面 |
| 視覚変数 | ——— |
| 配置規則 | 〔例〕<br>・領域間の関係を位置関係（分離，交差，包含）で表す.<br>・領域と項目の関係を，領域の内外に図形を配置することで表す. |

置は基本的には意味をもたない．表 7.9 は，領域系の代表的な表現規則を表している．

## 複合系

　複合系は，基本系を二つ以上組み合わせた表現系である．一つの基本系だけで表現するよりも，表現力や有効性を高めるために，複合系を利用することも多い．情報可視化でしばしば使用される複合系の枠組としては，複数ビューとパネル行列がある（8.7 節参照）．また，拡張グラフの表現であるクラスタグラフの表現（11.5 節参照）や，複合有向グラフの表現（11.5 節参照）なども，複合系を利用した表現である．

## 7.4 よい視覚的表現

　Tufte はその著書[25]で，よい視覚的表現が備えるべき性質を整理している．ここでは，視覚的表現の誠実さと簡潔さの一部を紹介する．

## 視覚的表現の誠実さ

　正しく情報を表現するために，視覚的表現は誠実でなければならない．そのために，下記のような点に注意すべきである．

### 視覚的表現は表現すべき量に比例させる

　量的データを長さや面積で表す場合には，表すべき量に長さや面積を比例させるべきである．たとえば，原点を 0 以外に設定した棒グラフや，一部を省略した帯グラフは，誠実な表現とはいえない．長さが量に比例しなくなるため，読み手に誤解を与える危険性がある．

### 視覚的表現の次元がデータの次元を超えない

表したい量的データが1変量であれば，たとえば棒の長さや円の面積などで表現できる．3次元的に奥行きをもたせた棒グラフや，厚みをもたせたパイチャート（円グラフ）などはデータの表現に不要な次元を利用しており，値の読み取りに弊害をもたらす．

### 適切なラベルを付けて曖昧さを避ける

視覚的表現だけではデータの値を必ずしも正確に読み取れない．また，凡例だけでは値を効率的に読み取れない．そのため，適切にラベルを付けて視覚的表現の曖昧さを補うとよい．

## 視覚的表現の簡潔さ

効率的あるいは効果的に情報を表現するために，視覚的表現は簡潔でなければならない．Tufteは**データインク比**を最大化するようにいっている．データインクとは，インクを使用して視覚的表現を描く場合に，データを表現するために欠かせない（省略できない）インクである[†]．データインク比を最大化するとは，視覚的表現を描くために利用するインクのうち，できるだけ多くをデータを表現するために使うべきで，無用な装飾は排除すべきということである．

図7.6にデータインク比の異なる二つの棒グラフを示す．このチャートは客船タイタニック号の乗客（1等，2等，3等）および乗組員の人数を表したものである．図7.6(a)のようなチャートをよく見かけるが，背景のパターンや棒の間の縦線はいずれも省略可能である．境界線もなくてもよい．データを表現するために不要なインクが多く使われて

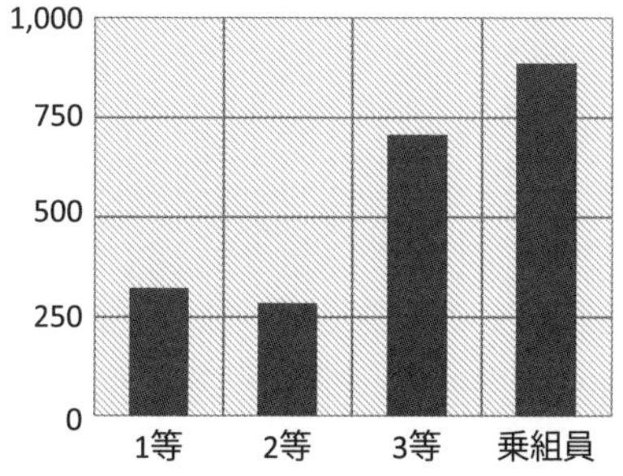

(a) データインク比の低い例

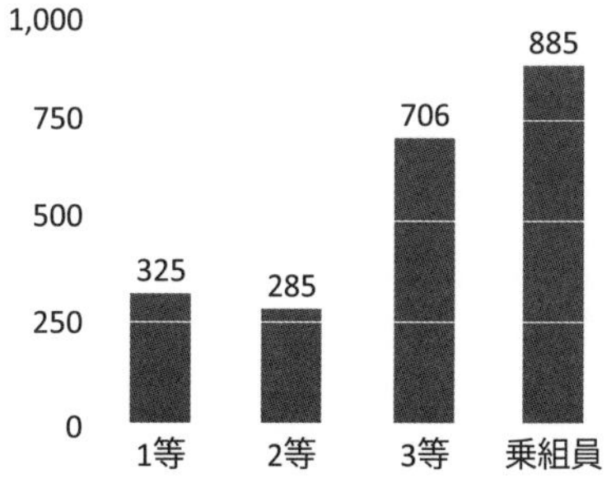

(b) データインク比の高い例

図7.6 異なるデータインク比の棒グラフの例

† PCの画面上では，「データピクセル比」とよぶべきかもしれない．

いることから，このチャートはデータインク比が低いといえる．図 7.6(b) は，そのような不要なものをすべて排除したチャートである．図 7.6(a) よりもデータインク比が高い．

---

**Column**　　**3 段階の説明**

　視覚的表現を用いてプレゼンテーションを行う場合には，視覚的表現と伝えたい主張を丁寧につなぐ必要がある．視覚的表現を見せて，主張を言葉で表現するだけでは，多くの場合不十分である．

　いま，日本の夏が暑くなっていることを，データを利用して説明する場面を考えよう．図 7.7 は，このプレゼンテーションに利用する視覚的表現の例である[†]．この図を示して，「近年東京では暑い日が多くなっています」というだけでは，説明としては不十分である．読み手が視覚的表現を解釈できず，視覚的表現を利用する効果が十分には期待できない．基本的には以下のような 3 段階に分けた説明をするとよい．状況に応じて順序を替えてもよいが，1 や 2 を省略すると読み手に情報が伝わりにくくなる．

1. 基本規則を説明する．
   （例：この図では，横方向の位置で年を，縦方向の位置で月を表し，点の色（明度）でその月の最高気温を，円の大きさで最高気温が 35 度以上の日数を表している．）
2. 見えるものをそのまま言葉で説明する．
   （例：右半分のほうが円が多く描かれている．）
3. 主張を説明する．
   （例：このように，この四半世紀は 35 度以上の日が多くなっている．）

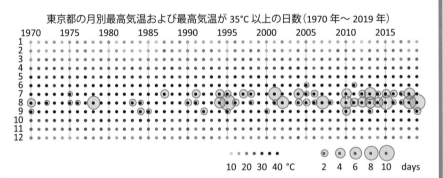

図 7.7　**プレゼンテーションに利用する視覚的表現の例**［データの出典：気象庁ホームページ］

---

[†] この図および主張は 3 段階の説明用に用意したものである．年ごとの日数の変化だけを見るのであれば，棒グラフのほうが適当であろう．

## 演習課題

7.1　言語の要件とその要件の必要性について説明しなさい.

7.2　視覚的表現を構成する「視覚変数」,「基本図形」,「配置規則」,「表現空間」の関係を説明しなさい.

7.3　本書では可視化における配置規則をおおまかに四つの表現系に分類している. 四つの表現系それぞれの特徴を説明しなさい.

7.4　雑誌や新聞などから適当なチャートを探し, そのチャートの対象データと基本規則を書き出しなさい.

7.5　雑誌や新聞などから適当なチャートを探し, そのチャートの拡張あるいは変形可能性を検討しなさい.

# 8 多変量量的データの表現手法

　本章では，量的データおよび量的データが含まれる組の視覚的な表現手法に焦点を合わせる．量的データや量的データの組の表現手法には，項目それぞれに着目した手法のほかに，集約したデータを対象とする手法も用いられる．量的データを表せる視覚変数にはいくつかの種類があるが，位置が最も高精度に表現できる．そのため，座標系に基づく視覚的表現が多い．しかしながら，3変量以上の多変量になるとすべてを位置で表現することが難しくなる．そのような問題に対してさまざまな工夫が提案されている．

## 8.1 　1変量データの表現手法

　多変量量的データの表現手法に関する章であるが，まずは1変量の表現手法から始める．3変量以下を多変量とよぶことに違和感を覚える人も多いだろうが，1～3変量量的データの表現手法は，多変量量的データの表現手法の基礎になるものも多い．

### 座標系▶ストリップチャート

　1変量を位置で表す手法の一つが**ストリップチャート（1次元散布図，strip chart）**である．ストリップチャートでは，座標軸を縦または横方向に（ときには斜めに）描き，それに沿ってデータ項目に対応する点を配置する（図8.1）．表8.1にストリップチャートの表現規則を示す．なお，図8.1～8.3の例はどれも，東京における2019年の日ごとの平均気温を表したものである．

### 座標系▶ヒストグラム

　1変量を可視化する際には，データの分布に関心があることが多い．データの分布を観察するためには，**ヒストグラム（histogram）**がよく用いられる（図8.2）．ヒストグ

表 8.1 ストリップチャートの表現規則（座標系）

| 対象データ | $Q$ |
|---|---|
| 基本規則 | 項目 ⇒ 点<br>$Q$ ⇒ 点の位置 |
| 作図規則 | 1次元座標系，座標軸を描く． |

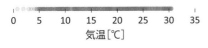

図 8.1 ストリップチャートの例
[データの出典：気象庁ホームページ]

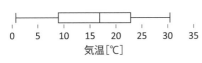

図 8.3 箱ひげ図の例
[データの出典：気象庁ホームページ]

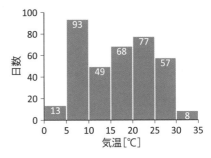

図 8.2 ヒストグラムの例
[データの出典：気象庁ホームページ]

表 8.2 ヒストグラムの表現規則（座標系）

| 対象データ | $Q$ |
|---|---|
| 加工データ | $R \rightarrow Q_s$ |
| 基本規則 | 項目 ⇒ 長方形<br>$R$ ⇒ 長方形の左辺と右辺の位置<br>$Q_s$ ⇒ 長方形の高さ |
| 作図規則 | 直交座標系，座標軸を描く．<br>長方形の下辺を揃える． |

ラムは，1変量量的データをそのまま可視化するものではなく，階級化によって集約したデータ（$R \rightarrow Q_s$）を対象とする．表 8.2 にヒストグラムの表現規則を示す．

ストリップチャートでもデータの分布を観察することはできるが，ヒストグラムではデータの疎密が棒の長さで表されるため，データの分布を読み取りやすい．

## 座標系▶箱ひげ図

**箱ひげ図**（box plot）は，1変量の四分位数を視覚的に表現する手法である（図 8.3）．データの分布の概形を可視化したものとみなすこともできる．表 8.3 に箱ひげ図の表現規則を示す．表中の $q_0$ と $q_4$ はデータの最小値と最大値を，$q_1, q_2, q_3$ は四分位数を表す．

表 8.3　箱ひげ図の表現規則（座標系）

| 対象データ | $Q$ |
|---|---|
| 加工データ | $q_0, q_1, q_2, q_3, q_4$（最小値，四分位数，最大値） |
| 基本規則 | $q_i (i = 0, \ldots, 4) \Rightarrow$ 縦線 |
| 作図規則 | 1 次元座標系，座標軸を描く．<br>$q_1$ と $q_3$ を表すそれぞれの縦線の両端を横線でつなぐ．<br>$q_0$ と $q_1$ を表すそれぞれの縦線の中点どうしを横線でつなぐ．<br>$q_3$ と $q_4$ についても同様に横線でつなぐ． |
| 変形・拡張 | 縦横を交換してもよい． |

## 8.2 ● 2 変量データの表現手法

　表現空間が 2 次元であれば，2 変量の両方を位置で表現できる．位置はほかの視覚変数に比べて，どの種類のデータでも正確に表現できるため，特段の制約がなければ両方の変量を位置で表現するのがよい．

### ● 座標系▶散布図

　2 変量がどちらも量的データの場合，すなわち $Q \times Q$ の場合には，しばしば**散布図**（scatter plot）が利用される．表 8.4 は散布図の表現規則を表している．

表 8.4　散布図の表現規則（座標系）

| 対象データ | $Q_1 \times Q_2$ |
|---|---|
| 基本規則 | 項目 $\Rightarrow$ 点<br>$Q_1 \Rightarrow$ 横方向の位置<br>$Q_2 \Rightarrow$ 縦方向の位置 |
| 作図規則 | 直交座標系，座標軸を描く． |

### ● 座標系▶1 変量の表現手法の並置

　量的データと質的データの組の場合，すなわち $Q \times C$ の場合，とくに質的データ $C$ の値の数がそれほど多くなければ，先に紹介した 1 変量の表現手法を並置することで表現できる．たとえば $C$ が都市のとき，都市それぞれの 1 年間の気温（$Q$）を表すストリップチャートを描くことで，$Q \times C$ を表現できる．この手法は，$C$ を位置で表現したものとみなすこともできる．

# 8.3 3変量データの表現手法

　表現空間が2次元の場合，3変量になると表現が難しくなる．投影図により直交する3軸を描くことも可能であるが，2次元平面上に描かれた投影図上の点の位置から3変量の値を読み取ることは難しい．そのため，2次元平面上の散布図を基礎として，第3の変量の表現に別の視覚変数が用いられることが多い[†1].

## 座標系▶散布図における面積の利用

　第3の変量が量的データの場合，すなわち $Q \times Q \times Q$ の場合には，面積[†2] が利用できる（図8.4(a)）．このように拡張した散布図はバブルチャートとよばれる．面積から比も読み取れるため，第3の変量が比例尺度である場合に適している．また，面積では正の値だけしか表現できないが，色相による正負の区別を利用することで，正と負の値を表現できる．表8.5は面積を利用した散布図の表現規則を表している．精度をあまり期待しなければ，面積の代わりに明度や彩度を利用することもできる．

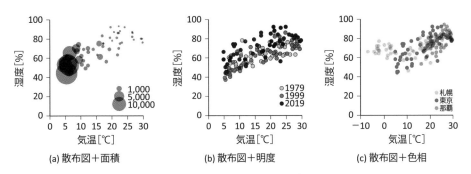

図 8.4　**第3の変量を表現するために拡張した散布図**[†3]((c)はカラー図版も参照)
[データの出典：気象庁ホームページ．(a)には仮想データを追加.]

---

[†1] この手法はストリップチャートにも適用できる．表示領域を節約したい場合には有効であろう．

[†2] 点の面積を利用することに違和感があるかもしれない．散布図の点は，実際には円であっても位置を表すだけで，領域を表してはいない．そのため，ここでは項目を点で表すとしている．

[†3] (a)は，東京における気温と湿度と風邪の患者数の関係を表したものである．風邪の患者数は例示のための仮想的なデータである．(b)は，1979年，1999年，2019年における東京の気温と湿度の関係を表したものである．(c)は，札幌，東京，那覇における2019年の気温と湿度の関係を表したものである．

表 8.5　バブルチャートの表現規則（座標系）

| 対象データ | $Q_1 \times Q_2 \times Q_3$ |
|---|---|
| 基本規則 | 項目および $Q_1$ と $Q_2$ の表現は散布図に準じる.<br>$Q_3 \Rightarrow$ 面積（＋色相） |
| 作図規則 | 散布図に準じる. |
| 変形・拡張 | 面積の代わりに明度や彩度も利用できる. |

## 🌑 座標系▶散布図における明度の利用

第 3 の変量が順序データの場合，すなわち $Q \times Q \times O$ の場合には，明度が利用できる（図 8.4(b)）．表 8.6 は明度を利用した散布図の表現規則を表している．明度の代わりに彩度を利用することもできる．また，色相を適切に選べば，色相のグラデーションで第 3 の変量を表現することも可能である．

表 8.6　明度を利用した散布図の表現規則（座標系）

| 対象データ | $Q_1 \times Q_2 \times O$ |
|---|---|
| 基本規則 | 項目および $Q_1$ と $Q_2$ の表現は散布図に準じる.<br>$O \Rightarrow$ 明度 |
| 作図規則 | 散布図に準じる. |
| 変形・拡張 | 明度の代わりに彩度や色相も利用できる. |

## 🌑 座標系▶散布図における色相の利用

第 3 の変量が名義データの場合，すなわち $Q \times Q \times N$ の場合には，色相が利用できる（図 8.4(c)）．表 8.7 は色相を利用した散布図の表現規則を表している．

表 8.7　色相を利用した散布図の表現規則（座標系）

| 対象データ | $Q_1 \times Q_2 \times N$ |
|---|---|
| 基本規則 | 項目および $Q_1$ と $Q_2$ の表現は散布図に準じる.<br>$N \Rightarrow$ 色相 |
| 作図規則 | 散布図に準じる. |
| 変形・拡張 | 色相の代わりに形状も利用できる. |

## 8.4 ● 3変量以上の量的データを表現する際の問題

散布図を拡張することで，3変量の量的データもある程度表現できる．8.3節では，散布図の点に1種類の視覚変数を加えることで，3変量を表現する手法を示したが，2種類以上の視覚変数を利用することも可能である（6.1節参照）．ただし，位置で表現する第1，第2の変量に比べると，それ以外の変量の表現精度は落ちる．

多変量データの可視化におけるおもな技術的課題は，3変量以上の量的データをいかに表現するかである．表現精度の観点からは位置を利用したいが，2次元平面上の直交座標系では3変量以上のデータを位置に割り当てることができない．このような問題に対して，次元削減，非直交座標系，複数ビュー，パネル行列，グリフの利用など，さまざまな表現手法が提案されている．

## 8.5 ● 次元削減の利用

$n$ 次元データ[†1]を $m$ 次元データ（$m < n$）に変換することを**次元削減**（dimension reduction）とよぶ．その変換は次式に示されるような写像 $f$ で表せる[†2]．

$$f : Q^n \to Q^m \tag{8.1}$$

式(8.1)において，$m = 2$ となるような写像 $f$ を利用すれば，$n$ 次元データを2次元データ（2変量量的データ）に変換できるため，散布図で表現できる．

**射影**（projection）は最も素朴な次元削減である．$n$ 次元データのうちの $m$ 次元（$m < n$）だけを残し，ほかは捨てる．射影は次式に示されるような写像 $f$ で表せる．

$$f(x_1, x_2, ..., x_n) = (x_{p_1}, ..., x_{p_m}) \tag{8.2}$$

ここで，$1 \le p_i \le n$ であり，$i \ne j$ なら $p_i \ne p_j$ である．多変量データの可視化において射影を用いる場合には，情報を単に捨ててしまわないよう，8.7節で説明するような工夫が必要となる．

その他，主成分分析，多次元尺度構成法（multi dimensional scaling; MDS），t-SNE（t-distributed stochastic neighbor embedding）なども，次元削減に基づく多変量データの可視化手法として用いられる．

---

[†1] ここでは慣習に従って，$n$ 変量データではなく，「$n$ 次元データ」とよぶ．

[†2] 実数は $\mathbb{R}$ で表すことが一般的であるため，射影は $f : \mathbb{R}^n \to \mathbb{R}^m$ のように表すほうが適切であろう．ただし，本書では量的データを $Q$ で表すことにしたため，ほかの部分との一貫性を保つためにここでも $Q$ を用いている．

## 8.6 🍡 非直交座標系の利用

　3変量以上のデータを2次元平面上の位置で表現することの難しさは，2次元の表現空間において直交座標系を前提としていることに起因する．そのような直交座標系の制約を回避するためには，座標軸を直交させなければよい．すなわち，非直交座標系の利用が一つの解決策である．

## 🍡 座標系▶レーダーチャート

　レーダーチャート（radar chart）では，$n$本の座標軸を放射状に配置する．各変量の値は軸上の位置で表され，項目は軸上の点をつないだ$n$角形で表される（図8.5）．図8.5は各国の食物自給率を表したものである．表8.8はレーダーチャートの表現規則を表している．レーダーチャートは日常的にも広く利用されている．たとえば，食品の栄養素，教科ごとの成績など，項目に付随する値の規模感やバランスを見るために使われることが多い．また，8.8節で説明するグリフとして利用されることもある．

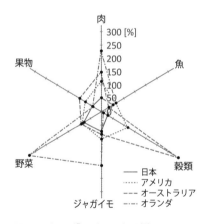

表8.8　レーダーチャートの表現規則（座標系）

| 対象データ | $Q_1 \times Q_2 \times \cdots \times Q_n$ |
|---|---|
| 基本規則 | 項目 $\Rightarrow n$ 角形<br>$i\ (i = 1, ..., n) \Rightarrow$ 偏角<br>$Q_i\ (i = 1, ..., n) \Rightarrow$ 動径 |
| 作図規則 | 極座標系，放射状の座標軸を描く． |

図8.5　レーダーチャートの例
　　　　［データの出典：諸外国の食料自給率等（農林水産省）］

## 🍡 座標系▶パラレルコーディネート

　パラレルコーディネート（parallel coordinates plot; PCP）[26, 27] では，$n$本の座標軸を平行に配置する．各変量の値は軸上の位置で表され，項目は軸上の点をつないだ折れ線で表される（図8.6）．図8.6は各国の食物自給率を表したものである．表8.9はパラ

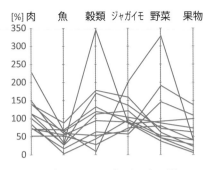

図 8.6 **パラレルコーディネートの例**
[データの出典：諸外国の食料自給率等
（農林水産省）]

表 8.9 **パラレルコーディネートの表現規則
（座標系）**

| 対象データ | $Q_1 \times Q_2 \times \cdots \times Q_n$ |
|---|---|
| 基本規則 | 項目 ⇒（$n$ 点をつなぐ）折れ線<br>$i\ (i = 1, ..., n) \Rightarrow$ 横方向の位置<br>$Q_i\ (i = 1, ..., n) \Rightarrow$ 縦方向の位置 |
| 作図規則 | 直交座標系，平行座標軸を描く． |
| 美的基準 | 相関がわかりやすい順に座標軸を<br>並べるなど． |
| 変形・拡張 | 縦横を交換してもよい． |

レルコーディネートの表現規則を表している．パラレルコーディネートは多変量データを分析するための可視化手法として多用されている．

パラレルコーディネートの基盤となる座標系は直交座標系である．基盤を直交座標系として捉えることで，極座標系を基盤とするレーダーチャートとの対比が理解しやすくなる．レーダーチャートとは，座標軸の配置方法は異なるが，類似性も多い．ただし，レーダーチャートが個々のデータ項目の特徴把握に利用されることが多いのに対して，パラレルコーディネートは，折れ線パターンによってデータ項目群の特徴を読むために利用されることが多い．

図 8.7 は，散布図とパラレルコーディネートを比較した図である．散布図ではデータ項目が点で表されるのに対して，パラレルコーディネートでは折れ線で（図 8.7(b) では直線分で）表される．図中の例では，データ項目 A と B には正の相関があり，A と C あるいは B と C には負の相関があるといえる．散布図では正の相関は右上りの系列，負の相関は右下りの系列として現れるのに対して，パラレルコーディネートでは正の相関と負の相関はそれぞれ平行と交差として現れる．

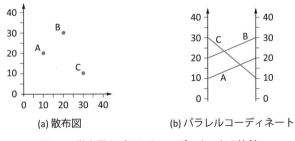

図 8.7 **散布図とパラレルコーディネートの比較**

## 座標系▶スターコーディネート

スターコーディネート (star coordinates)[28] では，$n$ 本の座標軸を放射状に配置する．座標軸の配置はレーダーチャートに似ているが，項目の表現方法は散布図に似ている．表 8.10 にスターコーディネートの表現規則を示す．項目は点で表され，項目の位置によって多変量データを表現する．座標軸に沿ったベクトルの和によって項目の位置が決められることから，散布図の $n$ 次元への拡張とみなすこともできる．図 8.8(a) は 4 変量の場合の点の配置を説明したものである．

スターコーディネートは散布図との類似性があるが，座標軸が線形独立ではない（直交しない）ため，異なる値をもつ項目が同じ場所に配置される可能性がある．つまり，点の位置からは $n$ 変量の個々の値を読み取れない．スターコーディネートは，値を読み取るよりもむしろ，クラスタのような項目のまとまりを観察するために用いられる．図 8.8(b) は可視化例である．なお，図 8.8(b) と次ページの図 8.9(b) の図はどれも，3

表 8.10　**スターコーディネートの表現規則（座標系）**

| 対象データ | $Q_1 \times Q_2 \times \cdots \times Q_n$ |
|---|---|
| 基本規則 | 項目 ⇒ 点<br>$n$ 変量全体 ⇒ 平面上の点の位置 |
| 作図規則 | 準極座標系，放射状の軸を描く．<br>各 $Q_i$ の値を放射状のベクトル（$v_i$）に対応付け，それらの和で点の位置を決める． |
| 美的基準 | 項目が特徴によって分離するよう軸の長さや向きを決める． |

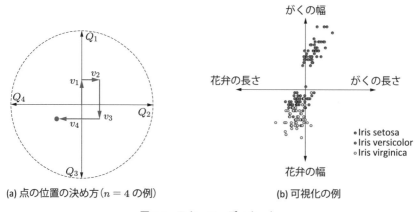

(a) 点の位置の決め方（$n = 4$ の例）　　　(b) 可視化の例

図 8.8　**スターコーディネート**

種類のアヤメ（setosa, versicolor, virginica）の四つの特徴（がくの長さと幅，花弁の長さと幅）を表したものである．

　スターコーディネートは，対話的に座標軸を変形しながら可視化を行うことを想定しており，対話的な機能を備えた分析ツールで利用することで，効果的な可視化ができる．また，スターコーディネートでは，8.3 節で紹介した散布図の拡張とは異なり，$n$ 変量をすべて対等に扱えるという特徴がある．データ分析の初期段階において，すべての変量を差別することなく扱いたい場面では有用である．

## 座標系▶RadViz

　RadViz では，円周上の $n$ 点で次元を表現し[†1]，円上の点でデータ項目を表現する[29]．図 8.9(a) に示すように，一つのデータ項目は，$n$ 本の見えないスプリングで，次元を表す点につながっているとする．スプリングは各変量の値に応じた強さをもっており，互いに引き合うことで項目の位置を決める[†2]．表 8.11 に RadViz の表現規則を示す．

　図 8.9(b) は，4 変量データを RadViz で可視化した例である．この例は 4 変量データであるが，RadViz はさらに多くの変量でも表現できる．ただし，円周上での次元の順序に大きく影響されることから，データの特徴をうまく表現するためには，次元の配置順を適切に選ぶ必要がある．RadViz も多変量データを 2 次元に削減する手法であることから曖昧さは避けられず，$n$ 変量の個々の値は読み取れない．

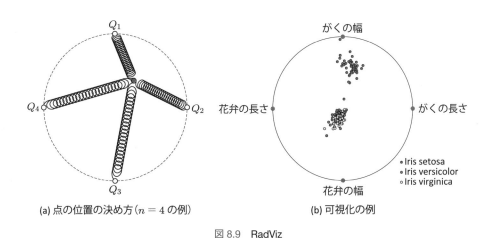

(a) 点の位置の決め方($n = 4$ の例)　　　(b) 可視化の例

図 8.9　RadViz

---

†1 円周上の点が表現するのは値ではなく変量の種類であることから「次元」とした．
†2 表現規則を簡潔に説明できないところが，スターコーディネートや RadViz の弱点であろう．

表 8.11　RadViz の表現規則（座標系）

| 対象データ | $Q_1 \times Q_2 \times \cdots \times Q_n$ |
|---|---|
| 基本規則 | 項目 ⇒ 点<br>$n$ 変量全体 ⇒ 平面上の点の位置 |
| 作図規則 | 準極座標系，円周および（円周上の）次元を表す点を描く．<br>各 $Q_i$ の値を，次元を表す点とつながったスプリングの強さに対応付け，力の均衡によって項目の位置を決める． |
| 美的基準 | 項目が特徴によって分離するよう次元の順序を決める． |

## 8.7 ◐ 複数ビュー

　複数ビュー（multiple view）は，同一形式の視覚的表現を複数配置したものである．配置される視覚的表現は自由に選ぶことができる．一列あるいは表形式などで配置されることから，全体としては整列系であり，その中に配置される視覚的表現の表現系からなる複合系といえる．配置される個々の視覚的表現が比較的小さいものは，**スモールマルチプル**（small multiple）とよばれる[30]．小ささについての明確な基準はないが，特徴が読み取れる程度の大きさは必要である．表 8.12 に複数ビューの表現規則を示す．

表 8.12　複数ビューの表現規則（整列系）

| 対象データ | 多変量データ，ネットワークデータ，階層データ，地理データなど |
|---|---|
| 基本規則 | 各項目の表現に準じる． |
| 作図規則 | 各項目を表現した視覚的表現を並べる． |
| 美的基準 | 項目の意味や関係を考慮してわかりやすく並べる． |

### ◑ 複数ビューによる多変量量的データの表現

　$n$ 変量データであっても，1 項目であれば $n$ 本の棒グラフなどを用いて，比較的簡潔な表現が可能である．項目それぞれについてそのような表現を作成して，複数ビューとして配置することで，多変量量的データを表現できる．

### ◑ 整列系▶パネル行列

　パネル行列（panel matrix）は，複数ビューやスモールマルチプルの配置方法の一つであり，多次元データの 2 次元への射影を網羅的に配置するものである．$n$ 次元データ

を可視化する場合には，$n \times n$ 次元のパネル行列を使用する．$n$ 次元データの 2 次元への射影は $n(n-1)/2$ 通りあり，そのすべての組み合わせに対応した射影を規則的に配置する．表 8.13 はパネル行列の表現規則を表している．

図 8.10 は $n$ 次元パネル行列を示している．図中の $X_1$, $X_2$, ..., $X_n$ はそれぞれ次元を表している．$X_1 \times X_2$ は，$X_1$ と $X_2$ の次元だけ残した射影を意味する．$X_2 \times X_1$ も射影としては $X_1 \times X_2$ と同じである．$n$ 次元から 2 次元を取り出す組み合わせは $n(n-1)/2$ 通りなので，図 8.10 中の対角線よりも上あるいは下だけでも，すべての組み合わせを表現できる．しかしながら，一般的には 2 次元データの視覚的表現では，二つの次元の表現が（たとえば，横軸と縦軸のように）対等でないため，それらを入れ替えた表現も異なる．そのため，$X_1 \times X_2$ と $X_2 \times X_1$ を別に表現することにも意味はある．

表 8.13　パネル行列の表現規則（整列系）

| 対象データ | $X_1 \times X_2 \times \cdots \times X_n$ |
|---|---|
| 基本規則 | 2 次元（$X_i \times X_j$）への射影 ⇒ $i$ 行 $j$ 列のセル |
| 作図規則 | $n$ 次元データを 2 次元に射影して（$n$ 変量データから 2 変量を取り出して）作成した視覚的表現を行列状に配置する． |
| 変形・拡張 | $X_i \times X_j$ と $X_j \times X_i$ のように同じ変量の組み合わせでも重複して配置する（視覚的表現としては異なる可能性がある）． |

| $X_1$ | $X_1 \times X_2$ | $\cdots$ | $X_1 \times X_n$ |
|---|---|---|---|
| $X_2 \times X_1$ | $X_2$ | $\cdots$ | $X_2 \times X_n$ |
| $\vdots$ | $\vdots$ | $\ddots$ | $\vdots$ |
| $X_n \times X_1$ | $X_n \times X_2$ | $\cdots$ | $X_n$ |

図 8.10　パネル行列

### 🔵 整列系＋座標系▶散布図行列

**散布図行列**（scatter plot matrix; SPLOM）は，パネル行列で $n$ 変量の散布図を配

置したものである[31]. 同じ行にある散布図は縦軸の次元が同じで, 同じ列にある散布図は横軸の次元が同じとなる. 表 8.14 に散布図行列の表現規則を示す. 図 8.11 は自動車の排気量, 馬力, 燃費, 重量の 4 変量データ[†]を散布図行列で表したものである. 対角線に関して対称の位置には同じ 2 変量の射影が表示されているが, 散布図の横軸と縦軸が入れ替わっている. 散布図行列を見ることですべての次元の関係を俯瞰することができる. たとえば, 図 8.11 では, 燃費だけがほかとは逆相関（右下り）になっていることがすぐにわかる.

表 8.14　散布図行列の表現規則（整列系 + 座標系）

| 対象データ | $Q_1 \times Q_2 \times \cdots \times Q_n$ |
|---|---|
| 基本規則 | 〔セル内〕散布図に準じる.<br>〔全体〕パネル行列に準じる. |
| 変形・拡張 | 対角位置に各変量の情報を表現する（例：変量の名前や分布）. |

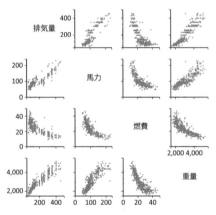

図 8.11　散布図行列の例

［データの出典：UCI Machine Learning Repositry］

# 8.8 ● グリフ

グリフ（glyph）は, 多変量を表現する図形である. スモールマルチプルの一つの要素として使われたり, 地図上（計量記号図（13.5 節））で多変量データを表現するために配置される図形として使われたりする. 表 8.15 にグリフの表現規則を示す. グリフにはさまざまなものがあるが, ここでは特徴的なものを三つ紹介する.

---

† 米国のデータのため単位が日本とは異なる.

表 8.15 グリフの表現規則

| 対象データ | $Q_1 \times Q_2 \times \cdots \times Q_n$ |
|---|---|
| 基本規則 | 各 $Q_i \Rightarrow$ 基本図形あるいは基本図形の位置関係 |
| 作図規則 | 表現に用いる基本図形がひと固まりになるよう配置する. |

- **チャーノフの顔**（Chernoff face） これは人の顔によって多変量を表現するものである[32]．各変量を，顔の面積，形，鼻の長さ，口の位置など，顔を構成する部品の大きさや傾きなどに対応付ける．個々の変量は線分の長さや傾きなどで表現されるのに対して，変量全体を顔の表情として表現できることが特徴である．表情に対する人間の感性を利用した，非常にうまく設計されたグリフといえる．図 8.12(a)は，弁護士による 12 人の裁判官の評価をチャーノフの顔を用いて可視化したものである．

- **スタープロット**（star plot） これはレーダーチャートに似た表現である．ただし，概形が識別しやすいように，データを表す多角形よりも外の領域は描かれない．図8.12(b)は，スタープロットをグリフとして用いたスモールマルチプルである[33]．この図は各国の食物自給率を表したものである．

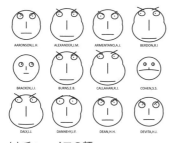

(a) チャーノフの顔
(https://en.wikipedia.org/wiki/Chernoff_face#/)

(b) スタープロット
［データの出典：諸外国の食料自給率等（農林水産省）］

(c) バラ形

図 8.12 グリフの例

- **バラ形のグリフ**（RoseShape Glyph） 3変量を表すことができるバラ形のグリフが提案されている[34]．大きさ，花びらの枚数，色によって，3変量が表される．花びら形にすることで，データを直感的に把握することを容易にしている．効果的に利用するためには，チャーノフの顔と同様に，適切に値を割り当てる必要がある．図8.12(c)は，花びらの枚数と色を変化させた例である．

## 8.9 ● 量的データをキーとする組の表現手法

量的データをキーとする組（$Q_1 \rightarrow Q_2$）は，2変量量的データ（$Q_1 \times Q_2$）とみなすこともできる．そのため，8.2節で説明した手法を利用することもできる．量的データをキーとする組（$Q_1 \rightarrow Q_2$）に特化した表現手法は，キー（$Q_1$）を横軸あるいは縦軸で表すことで，変数間の従属関係を表すものが多い．そのような表現手法は，時刻をキーとする組（$T \rightarrow Q$）に利用されることが多いため，具体的な手法については第14章で説明する．

## 8.10 ● 質的データが混在する場合の対処

一般的な多変量データでは，量的データと質的データが混在する．大半が量的データであって，質的データが少し混在する場合には，質的データを離散的な量的データとして扱うことで，多変量量的データの表現手法が利用できる．たとえば，質的データに1,2,3,... のように番号を付け，その番号を量的データとみなす．順序データであれば，順序に反しないように番号を付けるとよい．ただし，量的データとして扱うことで，視覚的表現から量や順序を読み取ってしまう危険性がある．あくまでも質的データを離散的な量に対応付けているだけであって，そもそも量を表すものではない．名義データの場合には，順序さえも存在しないことに注意する必要がある．

逆に，ほとんどが質的データの場合には，多変量質的データとして扱うとよい．量的データを階級化することで，順序データに変換することができる．量的データとしての細かな値の差は失われてしまうが，可視化の目的によってはそれで十分であることも多い．

| Column | アトミック可視化とアグリゲート可視化 |

　散布図で億単位の項目をプロットするのは大変である．4K（3840×2160）のモニターでも約 800 万しか画素がないため，たくさんの項目が同じ画素に集中することになる．その一方で，項目の数を集計してヒストグラムで表すのであれば，それほど難しくはない．棒の長さの目盛を大きな値にするだけでよいからである．頻度を集計して，対象データを「個々の項目」から「項目の数」へ加工したことのおかげである．Shneiderman は「個々の項目」を対象データとするような可視化手法を**アトミック可視化**（atomic visualization）とよび，「項目の数」のように集約したデータを対象とする可視化手法を**アグリゲート可視化**（aggregate visualization）とよんでいる[35]．第 8 章で紹介した手法の多くはアトミック可視化であり，第 9 章で紹介する手法の多くはアグリゲート可視化である．

## 演習課題

8.1　散布図の対象データと表現規則を書きなさい．

8.2　「チャーノフの顔」とよばれる可視化手法について説明しなさい．

8.3　レーダーチャートとパラレルコーディネートの共通点と相異点を説明しなさい．

8.4　$n$ 変量量的データ（$n \geq 3$）を 2 次元の表現空間に表示するための手段の一つに，射影による次元削減がある．ただし，2 次元平面への単純な射影は，$n - 2$ 変量のデータを単に捨ててしまうことになる．パネル行列によるこの問題の解決方法を説明しなさい．

8.5　適当な場所（たとえば居住地近く）の気象データ（月単位の平均気温，日照時間，降水量）を入手して†，散布図行列を描きなさい．

---

† 日本国内の気象データは気象庁のホームページ（https://www.jma.go.jp/）からダウンロードできる．

# 多変量質的データの表現手法

本章では，質的データが含まれる組の視覚的な表現手法に焦点を合わせる．質的データや質的データの組の表現手法には，項目それぞれに着目した手法もあるが，集約したデータを対象とする手法が多い．集約の手法としては，度数分布表や分割表への変換が用いられる．度数分布表に集約されたデータは質的データをキーとするデータとなり，分割表に集約されたデータは質的データの組をキーとするデータとなる．本章で紹介する表現手法には，質的データをキーとするデータや，質的データの組をキーとするデータを対象とするものも多いが，対象データは質的データに限定されるものではない．

## 9.1 多変量質的データをそのまま表現する手法

多変量質的データの表現手法の基本は，質的データ（名義データや順序データ）の表現手法を，変量の数に応じて組み合わせて利用することである．

### 系独立▶視覚変数の併用

1変量質的データを表現するには，質的データの表現手法をそのまま利用すればよい．位置，色相，模様，形状，連結，包含などが利用できる．2変量以上を表現するには，質的データの表現手法を組み合わせて利用する．項目を表す基本図形を，質的データを表す複数の視覚変数で「共有する」ことで，複数の変量が組をなすこと（つまり多変量であること）を表現する（6.1節参照）．ただし，複数種類の視覚変数を同時に用いるため，必ずしもポップアウト効果は得られない．

### 準座標系▶近接配置と色の併用

近接配置とともに見かけを揃える手法を併用することで，2変量質的データを表現で

きる．見かけを揃えるための視覚変数としては，対象データによって，色相や明度が利用できる．表9.1は近接配置と色の併用による2変量質的データの表現規則を表している．

表9.1　近接配置と色の併用による2変量質的データの表現規則（準座標系）

| 対象データ | $C_1 \times C_2$ |
|---|---|
| 基本規則 | 要素 ⇒ 点<br>$C_1 \Rightarrow$ 点（要素）の固まり（＋ラベル）<br>$C_2 \Rightarrow$ 色相や明度 |
| 作図規則 | $C_1$ の同じ値をもつ項目（点）を近くに集める． |
| 美的基準 | $C_2$ の同じ値をもつ項目（点）を近くに集める． |

　図9.1はタイタニック号の乗客の様子を示している．性別（名義データ）を色相（ここでは青とグレーで代用）で表している．これは，青あるいはグレーにより見かけを揃えることで，男女の集合を表しているといえる．図9.1は近接配置と見かけを揃える以外に，「分割する」も用いることで，集合を階層的に表現していると見ることもできる．まず水平線で分割することで，乗客を死亡者と生存者に分けている．さらに，客室の等級（1等，2等，3等）ごとに集めることで，等級ごとの集合を表している[36]．

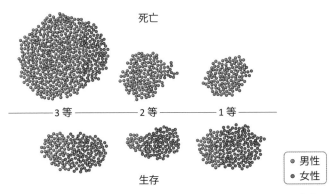

図9.1　近接配置と色の併用による3変量質的データの表現例[36]

## 9.2　1変量質的データをキーとする組の表現手法

　質的データはカテゴリ分けにより，1変量質的データをキーとする2変量データ（$C \to Q_s$）へと変換できる．そのように変換したデータは，質的データの表現手法と量的データの表現手法を組み合わせることで表現できる．

## 座標系▸棒グラフ

　データの可視化に広く利用される**棒グラフ**（bar chart）の対象データは $D{\to}Q$ であり[†]，$C{\to}Q$ の表現にも利用できる．棒グラフの表現規則を表 9.2 に示す．棒グラフでは，項目を長方形で，$Q$ を長方形の縦方向の長さ（高さ）で表す．長方形の下辺を揃えることで，長さだけでなく，長方形の上辺の位置でも値を読み取れる．そのため，量的データの読み取り精度は高い．図 9.2 に棒グラフの例を示す．これはタイタニック号の客室クラス（乗組員を含む）ごとの人数を表したものである．棒の上部に $Q$ を表す数字が添えられている．これは視覚的表現を数字で補うものである．長方形の高さでは正の値だけしか表現できないが，原点の下側に長方形を配置する，あるいは色相による正負の区別（第 5 章）を利用するなどにより，正と負の値も表現できる．

表 9.2　**棒グラフの表現規則（座標系）**

| 対象データ | $D{\to}Q$ |
|---|---|
| 基本規則 | 項目 ⇒ 長方形（棒）<br>$D$ ⇒ 横方向の位置（＋ラベル）<br>$Q$ ⇒ 長方形の高さ（棒の長さ） |
| 作図規則 | 直交座標系，座標軸を描く．<br>長方形の下辺を揃える． |

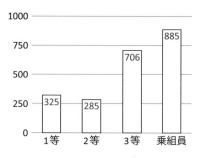

図 9.2　**棒グラフの例**

## （参考）棒グラフとヒストグラム

　棒グラフとヒストグラムは見かけが似ているために混同されることが多い．これらの見かけの違いは，棒の間隔が詰まっているか空いているかである．ヒストグラムは階級化したデータを表現するため，棒の幅がそのまま階級の幅を表しており，階級間に隙間がなければ棒の間にも隙間はない．棒グラフの場合には，見やすさのために多少の間隔を空ける．このことはキー属性が離散データ($D$)であることを表すのにも役立つ．

## 座標系▸帯グラフ（100% 積み上げ棒グラフ）

　**帯グラフ**は，棒グラフと同様に項目を長方形で，$C$ を横方向の位置（順序）で表す．ただし，$Q_s$ を長方形の横方向の長さ（幅）で表す．帯グラフの表現規則を表 9.3 に示す．

---

[†]　棒グラフでは棒を等間隔で配置するため，離散数値データを棒の位置で表すことができる．一方，帯グラフやパイチャートは量を表す図形が等間隔に配置されるとは限らないため，離散数値データには適さない．

横方向, すなわち $Q$ を表す向きに長方形を並べることで, 二つ以上の項目の値の和を読み取ることが容易になる. 帯グラフでは棒グラフのように負の値を表すことはできないため, 対象データの $Q_s$ は加法が許される逐次データに限られる. 図 9.3 は帯グラフの例で, タイタニック号の客室クラス (乗組員を含む) ごとの人数を表したものである. たとえば, 1 等~3 等の人数の和と乗組員の人数の比較などが容易に行える. 帯グラフは, 比率を表す場合には「100% 積み上げ棒グラフ (percentage stacked bar chart)」ともよばれる.

表9.3 帯グラフの表現規則 (座標系)

| 対象データ | $C \rightarrow Q_s$ |
|---|---|
| 基本規則 | 項目 ⇒ 長方形 (棒)<br>$C$ ⇒ 横方向の位置 (順序) (+ラベル)<br>$Q_s$ ⇒ 長方形の横幅 |
| 作図規則 | 1 次元座標系, 目盛を描く.<br>同じ高さの長方形を横に並べる. |

| 1等<br>325 | 2等<br>285 | 3等<br>706 | 乗組員<br>885 |
|---|---|---|---|

図 9.3 帯グラフの例

## 座標系▶パイチャート (円グラフ)

パイチャート (pie chart) では, 項目を扇形で, $C$ を偏角 (の順序) で表す. $Q_s$ は角度で表す. ただし, 扇形全部で円になるようにするために, $Q_s$ の総和が $360°$ に対応するようにする. そのため, 対象データの $Q_s$ は加法が許される逐次データに限られる. パイチャートの表現規則を表 9.4 に示す. パイチャートはデータの割合を表すために広く利用されている. とくに, 1/2 や 1/4 などの特殊なケースは容易に読み取れるので, 用途によっては効果的に利用できる. 図 9.4 にパイチャートの例を示す. パイチャートは「円グラフ」ともよばれる.

表9.4 パイチャートの表現規則 (座標系)

| 対象データ | $C \rightarrow Q_s$ |
|---|---|
| 基本規則 | 項目 ⇒ 扇形<br>$C$ ⇒ 偏角 (順序) (+ラベル)<br>$Q_s$(の総和に対する割合) ⇒ 角度 (100%=360°) |
| 作図規則 | 極座標系 (偏角のみ使用).<br>扇形が円を構成するように並べる. |
| 変形・拡張 | $Q_s$ の降順に並べるなど. |

図9.4 パイチャートの例

## 整列系▶ワードクラウド

　単語は，辞書式順序（アルファベット順や五十音順）に着目すると，順序データである[†1]．文書中の単語の出現頻度を数えることは，カテゴリ分けによるデータ変換とみなすことができる．つまり，順序データをキーとする組 $O \rightarrow Q_s$ を得ることができる．**ワードクラウド**（word cloud）[†2] はこのようなデータを対象とした可視化手法である．表 9.5 はワードクラウドの表現規則を表している．図 9.5 はワードクラウドの例で，ある論文に使われた単語をワードクラウドで表したものである．

　ワードクラウドを利用することで，2 通りの方法で単語を探すことができる．

- ある単語を知りたい：アルファベット（五十音）順に従って辞書のように探す．
- 重要なものを知りたい：大きいタグや鮮かなタグは目立つ（ポップアウト効果を利用）．

表 9.5　ワードクラウドの表現規則（整列系）

| 対象データ | $O \rightarrow Q_s$ |
|---|---|
| 基本規則 | 項目 ⇒ 文字列（単語）<br>$O$ ⇒ 並び順<br>$Q_s$ ⇒ 文字の大きさ（色） |
| 作図規則 | 左上から水平方向右に向かって配置し，右端に到達したら，その下の左端から配置する． |
| 変形・拡張 | $Q_s$ にはポップアウト効果がはたらく表現を用いる． |

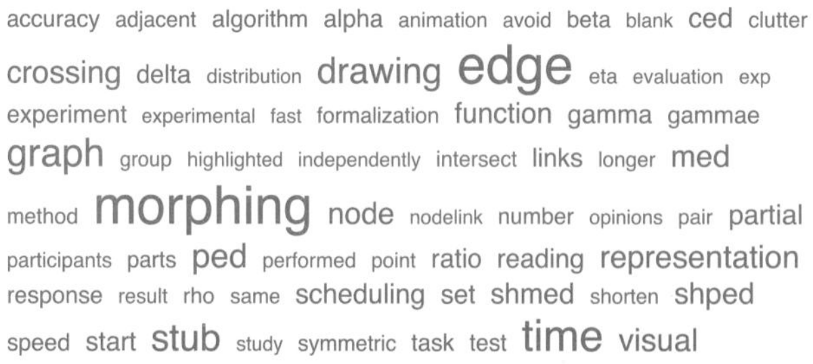

accuracy adjacent algorithm alpha animation avoid beta blank ced clutter crossing delta distribution drawing edge eta evaluation exp experiment experimental fast formalization function gamma gammae graph group highlighted independently intersect links longer med method morphing node nodelink number opinions pair partial participants parts ped performed point ratio reading representation response result rho same scheduling set shmed shorten shped speed start stub study symmetric task test time visual

図 9.5　ワードクラウドの例

---

†1 LATCH の「A」である．
†2 以前は「タグクラウド（tag cloud）」とよばれることが多かった．

# 9.3 ● 2変量質的データをキーとする組の表現手法

　質的データを2変量の分割表で表すことで，2変量質的データをキーとする3変量データ（$C \times C \to Q_s$）へと変換できる．そのように変換したデータも，質的データの表現手法と量的データの表現手法を組み合わせることで表現できる．ただし，3変量の量的データと同様に，若干の工夫が必要である．

## ● 座標系▶3次元棒グラフ

　表4.6（p.43）に示した2行3列の表を棒グラフで表すには，少し工夫が必要である．**3次元棒グラフ**（3D bar chart）は比較的直感的な表現手法で，分割表の各欄に直方体の棒を配置し，紙面と直交方向の長さ（高さ）で $Q_s$ を表す．3次元棒グラフの表現規則を表9.6に示す．図9.6は，表4.6に示したタイタニック号の客室クラスごとの生死（生存／死亡）者数を表現した3次元棒グラフである．3次元棒グラフは見た目は派手であるが，2次元の棒グラフのような読み取り精度は期待できない（7.4節で述べたように，表現の次元がデータの次元を超えないことが望ましい）．そのため，概形を俯瞰する使い方が適している．

表9.6　3次元棒グラフの表現規則（座標系）

| 対象データ | $D_1 \times D_2 \to Q$ |
|---|---|
| 基本規則 | 項目 ⇒ 直方体<br>$D_1$ ⇒ 横方向の位置<br>$D_2$ ⇒ 縦方向の位置<br>$Q$ ⇒ 直方体の高さ |
| 作図規則 | 3次元直交座標系，座標軸を描く．<br>直方体の底面を揃える． |
| 美的基準 | 適切な俯瞰が得られるビュー（視点）を選ぶ． |

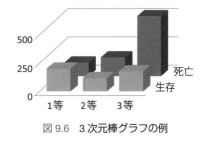

図9.6　3次元棒グラフの例

## ● 座標系▶集合型棒グラフ

　**集合型棒グラフ**（grouped bar chart）は，棒の配置を工夫することで，$D_1 \times D_2$ を表現する．分割表の列方向（あるいは行方向）の値を表す棒を近くに集めることで，組として表す．集合型棒グラフの表現規則を表9.7に示す．図9.7は，表4.6を可視化した

集合型棒グラフである．集合型棒グラフは，キー属性が2変量で，かつ一方の変量の値の種類が数個程度のデータに適している．行に色相を割り当てると，色相による正負の区別はできなくなるが，集合型棒グラフでは，原点の下側に長方形を配置することはできるので，$Q$ が正負の値をとる場合でも表現できる．

表9.7 **集合型棒グラフの表現規則（座標系）**

| 対象データ | $D_1 \times D_2 \to Q$ |
|---|---|
| 基本規則 | 項目 ⇒ 長方形（棒）<br>$D_1$ ⇒ 大局的な横方向の位置<br>$D_2$ ⇒ 局所的な横方向の位置<br>$Q$ ⇒ 長方形の高さ |
| 作図規則 | 直交座標系，座標軸を描く．<br>長方形の下辺を揃える． |
| 変形・拡張 | $D_2$ ⇒ 色や模様など |

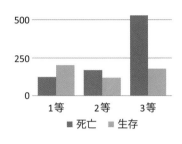

図9.7 **集合型棒グラフの例**

## 🔵 座標系▶積み上げ棒グラフ

積み上げ棒グラフ（stacked bar chart）も棒の配置を工夫することで，$D_1 \times D_2$ を表現する．分割表の列方向（あるいは行方向）の値を表す棒を縦に積み上げることで組を表す．積み上げ棒グラフの表現規則を表9.8に示す．積み上げ棒グラフの対象データの $Q_s$ は，加法が許される逐次データに限られる[†]．図9.8は，表4.6を可視化した積み上げ棒グラフである．集合型棒グラフも，キー属性が2変量で，かつ一方の変量の値の種類が数個程度のデータに適している．

表9.8 **積み上げ棒グラフの表現規則（座標系）**

| 対象データ | $D_1 \times D_2 \to Q_s$ |
|---|---|
| 基本規則 | 項目 ⇒ 長方形（棒）<br>$D_1$ ⇒ 横方向の位置<br>$D_2$ ⇒ 縦方向の並び順<br>$Q_s$ ⇒ 長方形の高さ |
| 作図規則 | 長方形を下から積み上げる． |
| 変形・拡張 | $D_2$ ⇒ 色や模様など |

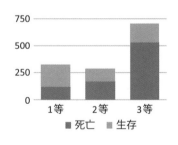

図9.8 **積み上げ棒グラフの例**

---

[†] $D_2$ の表現に色相などを利用して，積み重ねの順序を揃えることを諦めれば，棒グラフと同じように原点よりも下を使う配置が可能ではある．

棒グラフとは違い，多くの値は棒の長さだけで表される（つまり位置では表されない）ため，読み取り精度は集合型棒グラフよりも低い．その一方で，積上げ棒グラフは，集合型棒グラフとは異なり，棒を積み上げた方向の和も読み取れるという利点がある．

## 整列系▶タイルマップ（ヒートマップ）

表4.6に示した2行3列の表の概形を維持したまま，2次元平面上で表現するには，表の各欄内を利用して，量的データを視覚的に表現すればよい．一つの手法は欄内を色で塗りつぶすもので，**タイルマップ**（tile map）や**ヒートマップ**（heat map）とよばれる．表9.9にタイルマップの表現規則を示す．図9.9は，表4.6を可視化したタイルマップである．色で量的データを表すため，各欄を小さくできる．そのため，$D_1$ や $D_2$ の値の種類が多いデータでも表現できる．すなわち，視覚的表現の空間効率がよい．ただし，長さを用いた視覚的表現に比べると，高い読み取り精度は期待できない．

表 9.9　**タイルマップの表現規則（整列系）**

| 対象データ | $D_1 \times D_2 \rightarrow Q$ |
|---|---|
| 基本規則 | 項目 ⇒ 長方形<br>$D_1, D_2$ ⇒ 行と列の位置<br>$Q$ ⇒ 色 |

| 生／死 | 客室クラス | | |
|---|---|---|---|
| | 1等 | 2等 | 3等 |
| 死亡 | 122 | 167 | 528 |
| 生存 | 203 | 118 | 178 |

図 9.9　**タイルマップの例**

## 整列系▶格子状バブルチャート

表の各欄内を利用して，量的データを視覚的に表現する手法としては，欄内を色で塗りつぶす以外に，図形の大きさを利用することもできる．**格子状バブルチャート**（grid bubble chart）は，格子上に配置した円の面積で量的データを表現するものである．表9.10に格子状バブルチャートの表現規則を示す．図9.10は，表4.6を可視化した格子状バブルチャートである．枠組はタイルマップに近いが，色よりも面積のほうが，高い読み取り精度が期待できる．その一方で，空間効率に関しては，タイルマップのほうが優れている．

表 9.10　格子状バブルチャートの表現規則
（整列系）

| 対象データ | $D_1 \times D_2 \to Q$ |
|---|---|
| 基本規則 | 項目 ⇒ 円<br>$D_1, D_2$ ⇒ 行と列の位置<br>$Q$ ⇒ 円の面積 |

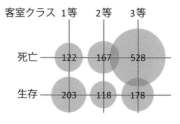

図 9.10　格子状バブルチャートの例

# 9.4　多変量質的データをキーとする組の表現手法

　表 4.6 では 2 変量の，表 4.7 では 3 変量の分割表を示したが，一般的にはさらに多くの変量で，質的データを分割できる．その結果，3 変量以上の質的データをキーとする組（$C \times \cdots \times C \to Q_s$）へと変換できる．このようなデータの表現には，帯グラフ（100％積み上げ棒グラフ）を基礎として，それを 2 次元的に拡張したものがある．

## 座標系＋連結系▶パラレルセット

　パラレルセット（parallel sets）は，各変量に対応する帯グラフを平行に配置し，対応する項目群を帯でつないだものである[37]．表 9.11 にパラレルセットの表現規則を示す．図 9.11 にパラレルセットの例を示す．この例は，タイタニック号の乗客数を，上から客室クラス（1 等，2 等，3 等），生死，性別の 3 変量に基づいて表現したものである．パラレルセットは，各変量の値によって分割された木構造を複合的に表現していると見ることもできる．

表 9.11　パラレルセットの表現規則（座標系＋連結系）

| 対象データ | $C_1 \times C_2 \times \cdots \times C_n$ |
|---|---|
| 加工データ | $C_i \to Q_s (i=1, ...n)$（度数分布表）<br>$C_1 \times \cdots \times C_j \to Q_s (j=2, ...n)$（分割表） |
| 基本規則 | $C_i \to Q_s$ ⇒ 水平方向の帯グラフ<br>$C_1 \times \cdots \times C_j \to Q_s$ ⇒ $C_{j-1} \to Q_s$ と $C_j \to Q_s$ の帯グラフをつなぐリボンの幅 |
| 作図規則 | 直交座標系．<br>$C_i \to Q_s$ を表す帯グラフを平行に配置する． |
| 変形・拡張 | 着目する $C_i$ を色相で表す． |

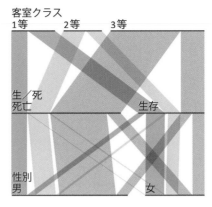

図 9.11 パラレルセットの例

## 🌀 座標系▶モザイクプロット

**モザイクプロット**（mosaic plot）は，分割表の値を長方形の面積で表現する[38, 39]．表 9.12 にモザイクプロットの表現規則を示す．

モザイクプロットは帯グラフの 2 次元的拡張と考えることもできる．まず第 1 の変量を横方向の帯グラフで表し，つぎにその帯グラフを縦方向に引き伸ばして，第 2 の変量を表すために各部分を縦方向の帯グラフに分割する．第 3，第 4 の変量があれば，分割されたそれぞれの部分を再度横方向あるいは縦方向の帯グラフに分割するということを繰り返すというものである．縦横は入れ替えてもよい．

図 9.12 は，タイタニック号の乗客数を，客室クラス（1 等，2 等，3 等），性別，生死の 3 変量に基づいて加工した，分割表（表 4.7）を可視化したものである．

モザイクプロットの変形で，相関ルールの可視化を目的とした**ダブルデッカープロッ**

表 9.12 モザイクプロットの表現規則（座標系）

| 対象データ | $C_1 \times C_2 \times \cdots \times C_n$ |
|---|---|
| 加工データ | $C_1 \times C_2 \times \cdots \times C_n \to Q_s$（分割表） |
| 基本規則 | 項目 ⇒ 長方形<br>$Q_s$ ⇒ 長方形の面積<br>長方形の配置は分割表のセルの配置に対応する． |
| 作図規則 | 直交座標系．<br>全体が表示領域（長方形）に収まるように幅や高さを調整する． |

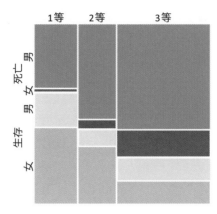

図 9.12　**モザイクプロットの例**

ト（double decker plots）というものがある[40]．縦方向は一つの変量にだけ着目して
分割されていて，ほかの変量についての分割はすべて横方向にまとめられている．

　モザイクプロットは原理的には何変量でも表現可能であるが，変量が多いと対応が読
み取りにくくなる．そのため，実用上は 3〜4 変量が限界である．**モザイクマトリック
ス**とよばれる手法は，2 変量のモザイクプロットを散布図行列のようにパネル行列で配
置するもので，そのような問題への対策として利用できる[41]．

## Column　　値の範囲の巨大なデータの表現

　大きな値を視覚的に表すことはそれほど難しくはない．棒グラフの長さの目盛を大
きな値にすればよい … はずであるが，たとえば乗客が 1 等客室には 1 名，3 等客室に
は 1 万人乗っていたとしたらどうだろうか．4K モニタの横方向を使っても，1 画素
で 1 を表すことにすると，3840 までしか表せない．逆に全体で 1 万を表すことにす
ると，1 画素は約 2.6 に対応するため，1 を表すことができない．視覚変数として表
現できる値の範囲（length）が十分でないということである．すぐに思いつく対策は
対数の利用である．棒グラフを対数目盛にすれば，大きい値も小さい値も表せそうで
ある．しかしながら，そのとき棒（可視化）はどのような役目を果しているだろうか．
棒の長さから直感的に量を読み取れたとしても，対数をとった値である．元の値に戻
すために多少考えることになる．そのような問題に対して，Hlawatsch らは Scale-
Stack 棒グラフという表現手法を提案している[42]．図 9.13 はどれも放射性同位体の
半減期を表しているが，(e) のように，目盛のスケールの異なる棒グラフを積み重ね
ることで，対数目盛と似た効果を備えているが，それぞれは線形目盛なので，値が近
い棒の長さは容易に比較できる．

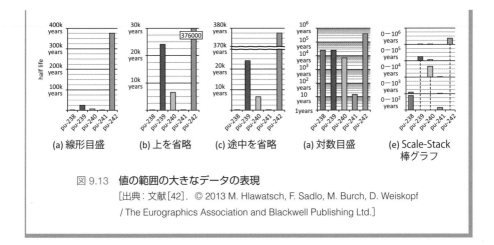

図 9.13　値の範囲の大きなデータの表現

[出典：文献[42]．© 2013 M. Hlawatsch, F. Sadlo, M. Burch, D. Weiskopf

/ The Eurographics Association and Blackwell Publishing Ltd.]

## 演習課題

**9.1** 棒グラフの対象データと表現規則を書きなさい．

**9.2** 棒グラフと帯グラフはどちらも棒（長方形）の長さで値を表しているが，棒の並べ方が異なる．それぞれの利点を説明しなさい．

**9.3** 単語を辞書式順序で並べ，出現頻度の多いものほど大きい文字で表現したワードクラウドは，単語に対して 2 通りのアクセス方法を提供しているといえる．それら二つのアクセス方法を説明しなさい．

**9.4** 表 4.6（p.43）のデータを利用して，タイタニック号の乗客数を客室クラスと性別の 2 変数に着目してパラレルセットで描きなさい．

**9.5** 表 4.7（p.44）のデータをモザイクプロットで描きなさい．ただし，対角線のどちらか片方だけ描けばよい．

# 集合の表現手法

集合は最も基本的なデータ構造である．項目は「要素」とよばれ，要素の集まりが「集合」である．集合というデータ構造が表すものは要素の集合への帰属関係であり，それだけである．ある要素はある集合に所属するか，あるいは所属しない．ある集合に同じ要素が二つ以上所属することはなく，ある集合に所属する要素間には同じ集合に所属しているというほかには関係はない．

## 10.1 質的データと集合

項目に質的データが付随するとき，同じ値が付随する項目を集めることで，その値をラベルとする集合を構成できる．逆に，集合のラベルを項目に付随する値とみなすことで，集合を質的データに変換することができる．質的データを変換して構成した集合は，項目全体を直和分割したものになっている．つまり，集合間に重なりがなく，どの項目もどれか一つの集合に含まれている．その一方で，集合からの変換を考えるとき，一般的には，変換元の集合は直和分割ではない．これを1変数で表そうとすると，項目に付随する質的データが複数の値を同時にもつことになり，都合が悪い．そのため，集合ごとに所属する／しないに相当する2値の名義データとして表現することになる．いずれにしても，形式的には項目に付随する質的データと集合は相互に変換可能である．そのため，集合は質的データあるいは質的データの組として表現することもできる．

それでは，質的データ（の組）ではなく，集合として表現する意義は何であろうか．質的データの表現との違いは，「集合」を明示的に表現できること，あるいは集合間の「関係」を表現できることである．これらが，質的データ（の組）としてではなく，集合として視覚的に表現する意義といえる．集合の表現として具体的に表すべきものは，集合，要素，そして要素の集合への帰属関係である．さらに，集合間の関係として表すべきものは交差，すなわち要素の共有関係である．

# 10.2 🌑 領域系による集合の表現手法

　領域系による集合の表現手法は，図形を用いて平面上のある領域をほかから区別することで，その領域に含まれる図形が集合の要素であることを表す手法である．

## 🌑 ベン図とオイラー図

　領域系による集合の表現手法の代表は，**ベン図**（Venn diagram）や**オイラー図**（Euler diagram）である．ベン図は閉曲線や多角形を用いて集合を表現し，それらの交差によって集合間のすべての関係を表現しなければいけない．オイラー図はベン図の上位概念であり，集合間のすべての関係が表現されていないものも含む．表 10.1 にベン図とオイラー図の表現規則を示す．

　図 10.1 (a) と (b) は，3 集合と 4 集合を表現したベン図である．また，いずれもオイラー図である．図 10.1 (c) は (b) と同様に 4 集合を表してはいるが，4 集合間の関係がすべては表されていない．そのため，(c) はオイラー図であるがベン図ではない．

表 10.1　ベン図とオイラー図の表現規則（領域系）

| 対象データ | 集合 |
|---|---|
| 基本規則 | （要素 ⇒ 点）<br>集合 ⇒ 領域を規定する閉曲線<br>（帰属関係 ⇒ 要素を領域内に配置する） |
| 作図規則 | 〔ベン図〕集合間の関係のすべての組み合わせを領域の交差で表す．<br>〔オイラー図〕集合間の関係を，領域の位置関係（分離，交差，包含）で表す． |

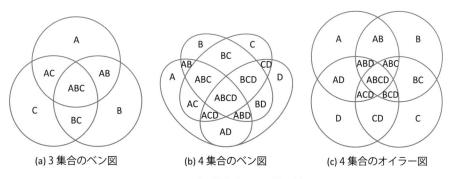

(a) 3 集合のベン図　　　(b) 4 集合のベン図　　　(c) 4 集合のオイラー図

図 10.1　ベン図とオイラー図の例

集合論の初歩段階で使われるように，ベン図やオイラー図は集合間の関係性を直感的に読み取ることができる便利な視覚的表現である．集合間の交差構造が単純であれば，オイラー図で集合間の関係を読み取ることは比較的容易である．しかしながら，交差構造が複雑になると，オイラー図で集合間の関係を読み取ることは難しくなる．そのような場合には，図に描けたとしても必ずしも十分な可読性が得られず，可視化の効果は期待できない．また，ベン図やオイラー図が表現するのは集合間の関係であって，要素数（量的データ）を表現することは一般的には難しい．

## 領域を識別しやすくする工夫

ベン図やオイラー図では，領域の重なりによって集合間の関係が表される．そのため，領域間の関係がわかりやすくなるよう工夫されることが多い．

### 領域の表現への色の利用

領域の内部を識別しやすくするためには，境界だけでなく，領域内部にも色を付けるとよい．領域の重なりをわかりやすくするために，図10.2(a)に示すように，半透明色が使われることが多いが，混色により生じた色によっては，同じ集合に属すにもかかわらず，無関係のように見えることがある．とくに，図10.2(b)のように領域の形状として矩形領域を用いると，連続の要因がはたらきにくくなり，重なった部分が独立した領域のように見えることもある．

(a) 楕円領域への色付け　　(b) 矩形領域への色付け　　(c) 絵の具の三原色(RYB)の利用

 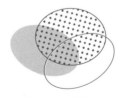

(d) 織模様の利用　　(e) 異なる表現形態の利用

図10.2　領域を見分けやすくする工夫（カラー図版も参照）

### 絵の具の三原色の利用

図 3.1(a)や(b)(p.24)からわかるように，ある色からその色に含まれる原色を読み取ることは容易ではない．その理由は加法混色（光の混色）が我々の直感に必ずしも合っていないためと思われる．また，減法混色（色の混色）であっても，CMY を原色としたものにはあまり慣れていない．そこで，Gossett らは絵の具の三原色を使用することを提案している[43]．赤黄青（RYB）を原色とする色の混色は，多くの人が子供の頃に経験しており，比較的慣れているといえる．図 10.2(c)は絵の具の三原色による混色を表現したものである．さらに Gossett らは，原色を推測しやすくする工夫として，色を均一に混ぜてしまわず，絵の具のにじみのような表現を利用することも提案している．

### 織模様の利用

色を均一に混ぜると，原色とは異なる色相が知覚される．たとえば，三原色を同じ比率で混ぜることにすると，原色の使い方により 8 色が合成できる．これらは名義尺度の表現に適した色相に含まれることからもわかるように，多くの場合，別の色として知覚される．つまり，混ぜてしまうと，元の色の推測は困難になる．そこで，図 10.2(d)に示すような，色を混ぜずに，ストライプや点描のようなパターンで原色を混在させる，**織模様**（weaving）とよばれる手法が提案されている[44]．織模様は混色と比較して多変量データを読み取りやすいという実験結果も得られている[45]．

### 異なる表現形態の組み合わせ

領域の塗り色で区別するのではなく，集合ごとに異なる表現形態を用いる手法も使われている[46]．図 10.2(e)はそのような手法による表現例で，三つの集合が，黄色で塗り潰された面，マゼンタの境界線とドットパターン，シアンの境界線というそれぞれ異なる表現形態で描かれている．表現形態を変えることで，領域の識別が容易になっている．

## オイラー図の拡張および自動描画手法

オイラー図はベン図の上位概念であるが，集合の可視化手法として捉えたときに，表現上の制約が少ないわけではない．視覚的表現としては，要素が存在しない領域は表示せず，要素が存在する領域だけをすべて表示するほうが都合がよい．たとえば図 10.3 (a)～(d)は，どれもオイラー図で集合を表したものである．図 10.3(c)に示した三つの集合において，集合 S1 と S3 に共通する要素は e6 だけであり，それは S2 にも含まれる．そのため，S1 と S3 だけの共通部分は空白になっている．図 10.3(d)はそのような，要素の存在しない空白領域をなくしたものである．

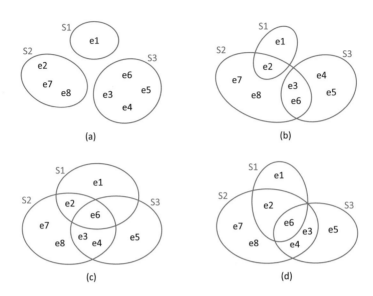

図 10.3　集合の例（オイラー図による表現）

　一般的には，集合の関係をこのように描くことは不可能である．そこで，オイラー図の条件を緩めた拡張が提案されている．Simonetto らは，一部の領域の分割と重複を許容するようなオイラー図の拡張を提案した[47]．この拡張により，さまざまな集合の関係を 2 次元平面上に描くことが可能になった．Riche らは，拡張されたオイラー図を自動的に描く手法を提案している[48]．拡張方法は Simonetto らの手法とは少し異なっており，領域の分割（だけ）を許容する手法と要素の重複（だけ）を許容する手法の 2 種類があり，それぞれの手法が提案されている．

　項目に付随するカテゴリデータに着目して集合を捉えるときには，ほかのデータが主で，副次的に集合を表現したい場面も少なからずある．たとえば，散布図に表現された項目が集合に分割される場合，地図上に表現された項目が集合に分割される場合などがある．このような場合には，おもなデータの表現のために項目の位置があらかじめ決まることが多く，項目の位置が制約条件となる．つまり，集合を表現するために項目の配置を変更することは許されない．

　バブルセット（Bubble Sets）は，すでに位置が定まっている項目がなす集合をオイラー図のように表現する手法である[49]．図 10.4(b) にバブルセットによる集合の表現例を示す．図 10.3(b) に示した集合を，図 10.4(a) のように要素の位置があらかじめ指定されているときに，オイラー図のような領域図形を配置することで表現している．要素の位置を都合よく移動できないため，要素の位置に制約のない場合よりも難しさがある．

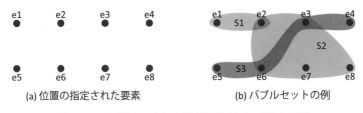

(a) 位置の指定された要素          (b) バブルセットの例

図 10.4 　バブルセットによる表現例 （カラー図版も参照）

# 10.3 ◔ 連結系による集合の表現手法

連結系による集合の表現手法は，大きく 3 種類に分けられる．第 1 の手法は，要素を点で表し，集合を表す線で要素どうしをつなぐものである．第 2 の手法は，集合と要素の両方をそれぞれ点で表し，集合とそれに含まれる要素をつなぐものである．第 3 の手法は，集合を点で表し，共通要素を含む集合どうしをつなぐものである．第 2 の手法と第 3 の手法は，集合を加工してグラフに変換してから可視化する手法ともいえる．

## ◔ 要素をつなぐ

要素をつなぐことによる集合の表現手法は，基本的には連結による名義データの表現と同じである．表 10.2 と図 10.5 に，要素を線でつなぐことによる集合の表現手法の表現規則と例を示す．図 10.5(a)，(c)，(e)は図 10.3(a)に示した集合を，図 10.5(b)，(d)，(f)は図 10.3(b)に示した集合を示している．図 10.5(a)と(b)は要素を同じ色の直線でつないでいる．

表 10.2 　集合の要素を線でつなぐ方式の表現規則 （連結系）

| 対象データ | 集合 |
|---|---|
| 基本規則 | 要素 ⇒ 点<br>集合 ⇒ 線<br>帰属関係 ⇒ 線（集合）が点（要素）を通る |
| 美的基準 | 集合が曖昧にならないようにする． |

### ◔ 曖昧さの解消

図 10.5(a)は問題なく三つの集合を読み取れるが，要素が線で順次つながれているとすると，図 10.5(b)には曖昧さが含まれる．このような曖昧さを解消する手法には，いくつかの種類が考えられる．一つは曲線の利用である．図 10.5(c)と(d)は要素を曲線

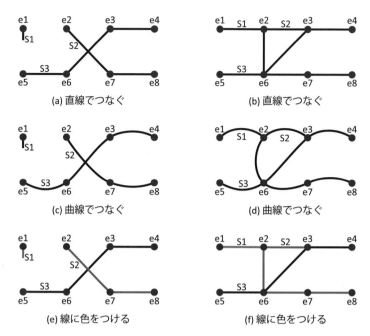

図 10.5　**集合の要素をつなぐ表現**（(e) と (f) についてはカラー図版も参照）

でつないでいる．連続の要因を適切にはたらかせることで，図 10.5(b) のもつ曖昧さが
図 10.5(d) では解消されている[†]．もう一つは色の利用である．図 10.5(e) と (f) は要素
をつなぐ線を集合ごとに色分けしている．

### ラインセット（LineSets）

　これは，要素を曲線でつなぐことで集合を表現する手法である[51]．図 10.6 にライン
セットによる表現例を示す．同じ集合に含まれる要素を，集合ごとに色分けされた曲線
で順につなぐことで集合を表現する．ラインセットは要素を順に探索する作業に適して
いる．その一方で，要素間に順序があるかのような誤解を与える危険性がある．

### ケルプダイアグラム（Kelp Diagram）

　「Kelp」とは，昆布の仲間の海草で，茎に「こぶ」がある．ケルプダイアグラムは，
バブルセットとラインセットの融合形のような手法である[52]．図 10.7 に示すように，
枝分かれした線で要素をつなぐが，要素部分はこぶになっており，入れ子表現も可能に
することで，要素が複数の集合に所属することをわかりやすく表現できる．

---

[†] この手法は，多変量データの表現手法である PCP にも利用されている[50]．

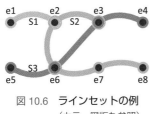

図 10.6　ラインセットの例
（カラー図版も参照）

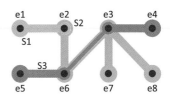

図 10.7　ケルプダイアグラムの例
（カラー図版も参照）

## 🔵 集合と要素をつなぐ

　集合と要素をそれぞれ点で表し，集合とそれに属す要素を線でつなぐことでも集合を表現できる．表 10.3 に，集合と要素をつなぐ方式の表現規則を示す．図 10.8 の(a)と(b)はどちらも図 10.3(b)に示した集合を示している．図 10.8(a)は集合および要素をそれらに付けられた番号順に並べている．結果的に，集合と要素をつなぐ線が交わっており，見やすさを阻害している．集合や要素の順序が決められていなければ，図 10.8(b)のように順序を工夫することで線の交差を少なくすることができる．ここで表される構造は，2 部グラフとよばれるグラフである．つまり，集合と要素をつなぐ表現方式は，2 部グラフの表現手法によって集合を表現するものといえる．2 部グラフの表現手法については，11.2 節で紹介する．

表 10.3　集合と要素をつなぐ方式の表現規則（連結系）

| 対象データ | 集合（2 部グラフ） |
|---|---|
| 基本規則 | 要素 ⇒ 点<br>集合 ⇒ 点<br>帰属関係 ⇒ 点（集合）と点（要素）を線でつなぐ |
| 美的基準 | 線の交差を最小化する． |

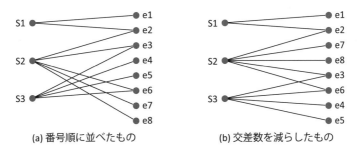

(a) 番号順に並べたもの　　　(b) 交差数を減らしたもの

図 10.8　集合と要素をつなぐ表現の例

## 🔵 集合をつなぐ

集合を点で表し，共通要素をもつ集合間を線でつなぐことで，集合間の関係を表現できる．表 10.4 に集合をつなぐ方式の表現規則を示す．図 10.9(a)は，図 10.3(b)に示した集合間の関係，すなわち共通要素の有無を，線でつなぐことで表した例である．この方式は線の視覚変数を利用することで，共通要素の数を表すこともできる．図 10.9(b)は，共通要素の数を線の太さで表したものである．共通要素が多いということは集合として似ているとみなすことができるため，集合の類似度を表しているともいえる．この方式は要素を表現しないが，一つの拡張として，集合ごとに要素の共有度の分布を表すグリフを添える手法も提案されている[53]．そのグリフは，各集合に含まれる要素について，一つの集合にしか含まれない要素の数，二つの集合に含まれる要素の数，...，すべての集合に含まれる要素の数を小さいヒストグラムで表すものである．

ここで表される構造はグラフであり，共通要素の数も考慮すると重み付きグラフである．つまり，集合をつなぐ表現方式は，グラフあるいは重み付きグラフによって集合間の関係を表現するものといえる．重み付きグラフの表現手法については，11.2 節で紹介する．

表 10.4　**集合をつなぐ方式の表現規則（連結系）**

| 対象データ | 集合（重み付きグラフ） |
|---|---|
| 基本規則 | （要素は明示的には示さない）<br>集合 ⇒ 点<br>集合間の要素の共有関係 ⇒ 集合をつなぐ線 |
| 変形・拡張 | 共有要素数を線の太さなどで表す． |

(a) 単純な表現　　　(b) 共通要素の数を太さで表現

図 10.9　**集合どうしをつなぐ表現の例**

# 10.4 ● 整列系による集合の表現手法

表形式による集合の表現もさまざまな場面で用いられている．ここでは，代表的な手法を2種類紹介する．第1の手法は，2部グラフの隣接行列表現を利用する手法である．第2の手法は，カルノー図を利用する手法である．

## ● 2部グラフの隣接行列表現

10.3節で説明したように，集合と要素の帰属関係に着目すると，集合から2部グラフを構成できる．そして，グラフの隣接行列は，少し加工することで視覚的な表現になる．そのため，グラフの表現手法を利用して，集合を表現できる．表10.5に，集合の隣接行列表現による表現規則を示す．図10.10は，図10.3(b)に示した集合を隣接行列の形式で表現したものである．行が集合を，列が要素を表しており，列に対応する要素が行に対応する集合に含まれる場合に青丸が描かれている．青丸以外に枠内を塗りぶつすなど，ほかの表現も可能である．なお，隣接行列表現を利用したグラフの表現については11.4節で説明する．隣接行列形式の利用例には，Kimらによって開発されたConSetとよばれるツールなどがある[54]．

表 10.5 集合の隣接行列表現の表現規則（整列系）

| 対象データ | 集合（2部グラフ） | |
|---|---|---|
| 基本規則 | 要素 ⇒ 列<br>集合 ⇒ 行<br>帰属関係 ⇒ 行（集合）および列（要素）の交差する欄の表現（色など） | |
| 作図規則 | 各集合が1行，各要素が1列をなす表を描き，各欄に帰属関係を表す表現を描く（隣接行列）． | |

| | e1 | e2 | e3 | e4 | e5 | e6 | e7 | e8 |
|---|---|---|---|---|---|---|---|---|
| S1 | ● | ● | | | | | | |
| S2 | | ● | ● | | | ● | ● | ● |
| S3 | | | ● | ● | ● | ● | | |

図 10.10 集合の隣接行列表現の例

### カルノー図を利用する表現

**カルノー図**（Karnaugh map）は，論理式の簡略化に利用される図である．カルノー図では，論理式に含まれる変数の真偽の組み合わせすべてを表で表現する．カルノー図を利用して集合を表す場合には，論理変数の真偽の代わりに，集合への帰属関係の組み合わせすべてを表で表現する．表10.6にカルノー図を利用した集合の表現規則を示す．図10.11(a)は，図10.3(c)に示した集合をカルノー図形式で表現したものである．たとえば，S1，S2，not S3が重なる左上の欄には，S1とS2だけに含まれる要素e2が含まれる．図10.11(a)では，欄内に要素を書くとともに，各欄をタイルマップのように要素数に応じた明度で塗り潰している．カルノー図形式の表現は，集合への帰属関係の組み合わせが一つの欄に対応していることから，ベン図との共通性がある．図10.11(b)はカルノー図に似せたベン図である．Huoは，カルノー図形式の表現をデータベースへの問い合わせのための視覚的なインターフェースとして採用している[55]．

表10.6　**カルノー図による集合の表現規則（整列系）**

| 対象データ | 集合 |
|---|---|
| 基本規則 | 要素 ⇒ 点（ラベル）<br>集合の内と外 ⇒ 行あるいは列<br>帰属関係 ⇒ 要素が属すすべての集合の内に対応する欄に点を配置する |
| 作図規則 | 集合の内と外のすべての組み合わせが欄として現れるように行と列を配置する（参考：ベン図）． |

| | not S3 | S3 | | not S3 |
|---|---|---|---|---|
| | S2 | | not S2 | |
| S1 | e2 | e6 | | e1 |
| not S1 | e7,e8 | e3, e4 | e5 | |

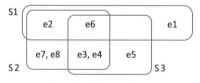

(a) カルノー図を利用した表現の例

(b) カルノー図に似せたベン図

図10.11　**カルノー図を利用した集合の表現**

## 10.5 要素への一つ以上の色の割り当て

図9.1(p.105)では，色相で見かけを揃えるという手法で男性／女性を表現している．これを集合の視覚的表現として見たときには，異なる集合（この場合は男性の集合と女

性の集合）が共通要素をもたないことを前提としている．しかしながら，本章で対象としているように，共通要素をもつ集合を表したいことも多い．そのような場合には，混色を利用しても見かけを揃えることはできない．そこで，個々の要素の表現手法としても，10.2 節で紹介したような織模様に似た手法が提案されている．

　図 10.12 は，一つ以上の色を割り当てるための手法である．図 10.12(a)は要素を表す小円をパイチャート風に分割して，各領域をそれぞれ集合を表す色で塗り潰している[56]．図 10.12(b)は織模様に近い手法で，要素を表す小円およびそれらをつなぐ線を細かく分けて着色している[52]．

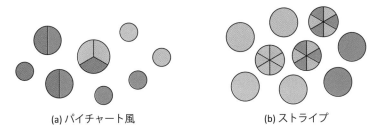

(a) パイチャート風　　　　　　　　(b) ストライプ

図 10.12　**要素に一つ以上の色を割り当てる手法**

## 🌑 演習課題

10.1　ベン図とオイラー図の違いを説明しなさい．

10.2　図 10.1(c)は，集合 A，B，C，D のすべての組み合わせを表現していないため，ベン図ではない．欠けている組み合わせを答えなさい．

10.3　集合を領域で表すときには，領域の識別を容易にするために着色されることが多い．その際に利用されることがある，織模様（weaving）とよばれる手法について説明しなさい．

10.4　要素を曲線でつなぐことで集合を表現するラインセットは，要素を探索しやすいという利点がある一方で，問題もある．その問題を，7.1 節で説明した言語の能力に着目して説明しなさい．

10.5　集合数が 3，要素数が 8 のデータを考える．このデータを図 10.1(a) のようなベン図で表すと，すべての領域（円で囲まれていない領域も含む）に要素が一つずつ存在するとする．このデータを，図 10.8 のような集合と要素をつなぐ表現で描きなさい．

# ネットワークの表現手法

ネットワークのような，ものともののつながりを抽象化した数学的な構造をグラフとよぶ．グラフ理論の教科書では，グラフの説明に図が添えられることが多い．そのため，そのように描かれた「図」がグラフだと思っている人も少なくないが，それは誤解である．グラフ自体は抽象的な概念であり，図 11.1 のように行列で表すこともできる．説明用に添えられている図はグラフそのものではなく，グラフの視覚的な表現である．本章では，グラフの視覚的な表現手法について説明する．

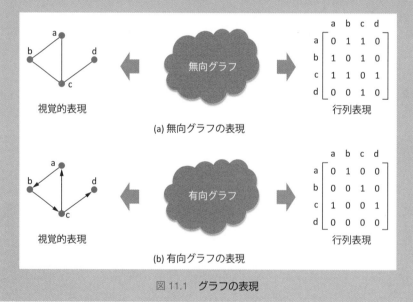

図 11.1　グラフの表現

## 11.1 ● グラフ

グラフは，ノード（頂点，節点）とエッジ（辺，枝）の集合から構成される構造である．エッジはノードとノードを関係付ける．エッジには向きがある場合とない場合があ

る．図 11.1(a) に示すような無向エッジからなるグラフを**無向グラフ**（undirected graph）とよび，図 11.1(b) に示すような有向エッジからなるグラフを**有向グラフ**（directed graph, digraph）とよぶ．一つのエッジが関係付ける二つのノードは互いに**隣接する**という．有向エッジで隣接する二つのノードは区別され，有向エッジは**始点**（tail）から**終点**（head）に向かうとする．その他の用語を表 11.1 にまとめておく．

表 11.1　グラフに関する用語

| 用語 | 意味 |
|---|---|
| パス | 接続するノードとエッジからなる系列<br>（有向グラフの場合には，エッジの向きに沿った系列） |
| 連結グラフ | どの二つのノード間にもパスが存在するグラフ |
| 閉路 | あるノードから自分自身に戻るパス |
| 自己ループ | 両端が同一ノードに接続するエッジ |
| 多重エッジ | 両端が同じノード対に接続する二つ以上のエッジ |
| 単純グラフ | 自己ループも多重エッジもないグラフ |
| 重み付きグラフ | エッジに重みが付随するグラフ |
| （ノードの）次数 | ノードに接続するエッジの数 |

　グラフの表現の基本は，ノードを表すことと，エッジを表すことである．エッジはノードの隣接関係であることから，ノード間の 2 項関係として表す必要がある．エッジの表現としてはさらに，有向グラフの場合には向きを，重み付きグラフの場合には重み（量的データ）も表す必要がある．

## 11.2 ● 連結系によるグラフの表現手法

　グラフの代表的な視覚的表現は，連結系の図を利用するものである．

### ● 連結系▶連結図

　連結系の代表的な表現手法である**連結図**（node-link diagram）の基本的な表現規則を表 11.2 に示す．

　ノードの基本図形としては，円，ラベル，アイコンなど，点（0 次元図形）として認識できる図形が利用される．エッジの基本図形としては，直線，折れ線，曲線など，二つのものを連結する機能を備える図形が利用される．

表 11.2　連結図の表現規則（連結系）

| 対象データ | グラフ |
| --- | --- |
| 基本図形 | ノード ⇒ 点<br>エッジ ⇒ 点（ノード）をつなぐ線 |
| 視覚変数 | 有向グラフの場合には，エッジの向きを視覚変数などで表す．<br>重み付きグラフの場合には，エッジの重みを視覚変数などで表す． |

## 配置規則

　連結系の図では連結が意味をもち，空間内における位置は基本的には意味をもたない．ただし，多くの場合，可読性を高めるためにノードの配置を工夫する．そのため，連結図を作成するためには基本規則を越える配置規則が必要となる．

- **ノードの配置規則**　ノードの配置規則は，ノードの位置への制約として規定されることが多い．図 11.2 はノードの配置規則に用いられる標準的な制約を示している．
  - （a）自由配置では，ノードは位置の制約を受けず，平面上のどこにでも配置できる．
  - （b）平行線配置では，ノードは平行線上にしか配置できない．図では横方向の

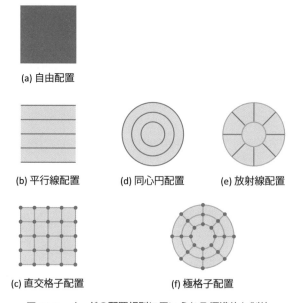

(a) 自由配置

(b) 平行線配置　　(d) 同心円配置　　(e) 放射線配置

(c) 直交格子配置　　　　(f) 極格子配置

図 11.2　ノードの配置規則に用いられる標準的な制約

平行線が描かれているが，縦方向の平行線配置も考えられる．

(c) 直交格子配置では，ノードは格子の交点上にしか配置できない．

自由配置，平行線配置，直交格子配置の順に配置に関する制約が厳しくなっている．

(d)(e) 同心円配置と放射線配置は，(b)の平行線配置の極座標版である．

(f) 極格子配置は，(c)の直交格子配置の極座標版である．

● **エッジの配線規則** エッジはノードをつながなければならないため，エッジの配線はそもそもノードの配置の制約を受ける．その制約を考慮しても，エッジの配線には自由度があるため，配線における規則を規定することがある．たとえば，エッジを直線で描くか，折れ線や曲線を許容するかなどの選択肢がある．

## 連結系▶無向グラフの自由配置

無向グラフの**自由配置**は，無向グラフ向けの最も基本的な表現手法であり，作図規則としては，ノードの自由配置，エッジの直線配線が用いられることが多い．すなわちノードの位置に制約はなく，エッジはノードをつなぐ直線として描かれる．ただし，それらの作図規則だけでは，可読性の高いレイアウトは得られないため，さまざまな美的基準が採用される．表 11.3 に無向グラフの自由配置の表現規則を示す．表に示した美的基準は代表的なものである．

表 11.3 **無向グラフの自由配置の表現規則（連結系）**

| 対象データ | 無向グラフ |
|---|---|
| 基本規則 | 連結図に準じる． |
| 作図規則 | ノード：自由配置<br>エッジ：直線配線 |
| 美的基準 | ノードの分布を一様にする．<br>エッジの長さの分布を一様にする．<br>エッジの交差数を最小にする．<br>対称性を明示する． |

無向グラフの自由配置を作成するためのレイアウト手法としては，Eades によって提案されたスプリングモデルが有名である[57]．スプリングモデルは，スプリングによって構成される仮想的な物理モデルを利用し，その安定状態を計算することで，ノードの配置を求めるものである．図 11.3 にスプリングモデルによる無向グラフの描画例を示す．このグラフは研究者間の論文の共著関係を表したものである．

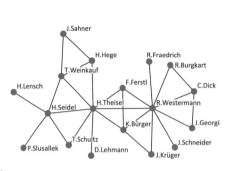

図11.3　自由配置による無向グラフ

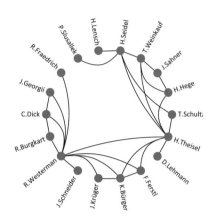

図11.4　円周配置による無向グラフ

## 連結系▶無向グラフの円周配置

　無向グラフの円周配置は，ノードを円周上に配置する描画手法である[58]．表11.4に無向グラフの円周配置の表現規則を示す．ノードが円周上にだけ配置されることから，同心円配置の特殊なケースとみなすこともできる．図11.4は，図11.3と同じグラフを円周配置で描いたものである．この例では，エッジの描画に曲線も利用することで，円周付近の視覚的混雑を緩和している．

表11.4　無向グラフの円周配置の表現規則（連結系）

| 対象データ | 無向グラフ |
| --- | --- |
| 基本規則 | 連結図に準じる． |
| 作図規則 | ノード：円周配置（等間隔）<br>エッジ：直線配線（曲線配線も可） |
| 美的基準 | エッジの交差数を最小にする．<br>エッジの総線長を最小にする． |

## 有向グラフの表現手法

　有向グラフの無向グラフとの違いは，エッジが向きをもつということである．したがって，無向グラフのレイアウト手法を利用してノードの配置を求めておき，6.3節で説明した手法を用いてエッジの向きを表すことでも有向グラフを表現できる．ただし，有向グラフとしての可読性を考慮すると，配置規則から見直すほうがよい場合が多い．

## 連結系▶有向グラフの階層配置

有向グラフの**階層配置**は**平行線配置**を採用し，エッジの向きを一方向に揃えることが特徴である．すべてのエッジの向きを揃えることで，有向グラフ全体が表す大局的な流れを読み取ることが容易になる．閉路が存在しない有向グラフを**非閉路有向グラフ**（acyclic digraph）とよぶ．有向グラフの階層配置は，非閉路有向グラフを対象にした描画手法である[†1]．表 11.5 に有向グラフの階層配置の表現規則を示す．

表 11.5　**有向グラフの階層配置の表現規則（連結系）**

| 対象データ | 非閉路有向グラフ |
|---|---|
| 基本規則 | 連結図に準じる．<br>エッジの向きを両端点の位置で表す（下向き）． |
| 作図規則 | ノード：平行線配置<br>エッジ：下向き折れ線配線 |
| 美的基準 | エッジの交差数を最小にする．<br>エッジの総線長を最小にする．<br>エッジをできるだけ直線にする．<br>隣接ノードに対する横方向のバランスをとる． |

図 11.5 に有向グラフの階層配置の例を示す．これはコンピュータの基本ソフトウェアである UNIX の進化系統を表している．非閉路有向グラフを対象にした描画アルゴ

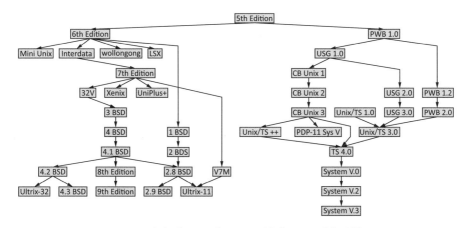

図 11.5　**有向グラフの階層配置の例（UNIX の進化系統）**

---

†1 閉路がある場合にはエッジの向きを揃えることができないが，若干の工夫により階層配置を利用できる．

リズムの代表は Sugiyama アルゴリズム[†1] である[59]．Sugiyama アルゴリズムは，ノードを階層ごとに一列に並べる階層的描画法の基礎を築き，有向グラフの描画手法に大きな影響を与えた．Sugiyama アルゴリズムは，その後さまざまな改良が加えられている．

## ● 2 部グラフの表現手法

　ノードを，それぞれの集合内のノードが隣接しない（エッジで接続されない）ように，二つの集合に分けることができるグラフを **2 部グラフ**（bipartite graph）とよぶ．実世界には，2 部グラフで表現できる関係が数多く存在する．たとえば，論文と著者の関係や，商品とその購入者の関係などである．2 部グラフのエッジは二つの異なる集合に属すノードを接続するため，向きがあるとみなすことができる[†2]．つまり，2 部グラフは有向グラフの一種と考えることができる．そのため，2 部グラフは有向グラフの描画手法を利用して描くことができる．2 部グラフに特化した描画手法の多くは，ノードを二つの集合に分割できるという性質を視覚的に反映するものである．

## ● 連結系▶2 部グラフの 1 階層配置

　2 部グラフの 1 階層配置[†3] では，一方の集合に属すノードは水平配置（平行線配置の特殊ケースともいえる）が行われ，もう一方の集合に属すノードは自由配置が行われる．表 11.6 は，2 部グラフの 1 階層配置の表現規則を表している．

表 11.6　2 部グラフの 1 階層配置の表現規則（連結系）

| 対象データ | 2 部グラフ（ノード集合 $V_1, V_2$） |
|---|---|
| 基本規則 | 連結図に準じる． |
| 作図規則 | ノード（$V_1$ の要素）：水平配置<br>ノード（$V_2$ の要素）：自由配置 |
| 美的基準 | ノード（$V_2$ の要素）は隣接するノード（$V_1$ の要素）に対する横方向のバランスをとる（重心に配置する）．<br>ノード（$V_2$ の要素）の次数を縦方向の位置で表す（次数が大きいほど，$V_1$ の要素が配置された水平線から離す）． |

---

†1 論文の著者 Sugiyama，Tagawa，Toda の頭文字を並べて「STT アルゴリズム」ともよばれる．
†2 このようにして定められる向きとは，独立した向きをエッジに与えることで有向 2 部グラフを定めるという考え方もあるが，ここではそのような有向 2 部グラフは扱わない．
†3 2 層以上あってはじめて階層であろうから，「1 階層」という表現には改善の余地がある．

図 11.6(a)は，1 階層配置による 2 部グラフの描画例である．この図は，図 10.8 と同じ集合と要素の関係を表現したもので，要素に対応するノードが水平配置されており，集合に対応するノードが水平線よりも上に配置されている．2 部グラフの 1 階層配置を発展させた描画手法が，PivotPaths とよばれるツールで使われている[60]．

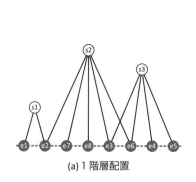

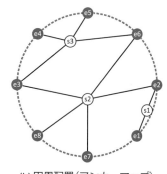

(a) 1 階層配置　　　　　　　　　　　(b) 円周配置（アンカーマップ）

図 11.6　2 部グラフの描画例（図 10.8 と同じ集合と要素の関係）

## 連結系▶2 部グラフの円周配置

2 部グラフの円周配置では，一方の集合に属すノードを円周上に並べ，もう一方の集合に属すノードは自由配置を行う．同心円配置の特殊なケースということもできる．表 11.7 は 2 部グラフの円周配置の表現規則を表している．

アンカーマップ（anchored map）は，2 部グラフの二つのノード集合のうちの一つの集合に属すノードの配置に制約を課すが，もう一方の集合に属すノードは自由配置を行う[61, 62]．制約を課すノードを「アンカー」とよび，自由配置を行うノードを「フリー

表 11.7　2 部グラフの円周配置の表現規則（連結系）

| 対象データ | 2 部グラフ（ノード集合 $V_1$, $V_2$） |
| --- | --- |
| 基本規則 | 連結図に準じる． |
| 作図規則 | ノード（$V_1$ の要素）：円周配置<br>ノード（$V_2$ の要素）：自由配置 |
| 美的基準 | ノード（$V_1$ の要素）の円周上での順序が可読性に影響する．そのため，以下のような基準に基いて順序を決定する．<br>・エッジの交差数を最小にする．<br>・エッジの総線長を最小にする．<br>・ノード（$V_2$ の要素）を中心から遠ざける． |

ノード」とよぶ．アンカーに課す制約にはさまざまなものが考えられるが，基本的な制約として円周配置が提案されている．図 11.6(b) にアンカーマップによる描画例を示す．この図は，図 11.6(a) と同様に，集合と要素の関係を表したものである．

## 重み付きグラフの表現手法

　流通網における流量や友人関係の親密度などは，エッジの重みで表すことができる．エッジに付随する重みの表現手法としては，エッジの視覚変数を用いる方法が利用できる．しばしば利用される視覚変数は，太さ，明度，彩度などである（図 11.7）．エッジの長さを利用することも考えられるが，注意すべき点が二つある．一つは，長さが重みの意味に合っているかどうかである．たとえば，流通網における流量の表現には，長さよりも太さや明度のほうが適している．友人関係の親密度については，重みの大きさ（＝親密さ）には長さよりも，むしろ重みに反比例した長さを割り当てるべきであろう．もう一つは，すべてのエッジを指定した長さで描くことは，表現空間を 2 次元平面とすると一般的には不可能だということである．なお，図 11.7 は研究者間の論文の共著関係を表したものである．

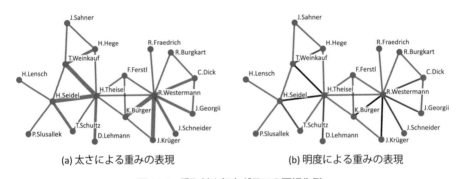

(a) 太さによる重みの表現　　　　　(b) 明度による重みの表現

図 11.7　重み付き無向グラフの可視化例

## 連結系▶サンキーダイアグラム

　サンキーダイアグラム（Sanky diagram）は，元々は工程間の流量を表現するために開発された表現手法であり，流量を線の太さで表す．重み付き有向グラフの表現手法として，ウェブページ間の遷移量を可視化するためなどに利用されている．表 11.8 にサンキーダイアグラムの表現規則を示す．

表 11.8　サンキーダイアグラムの表現規則（連結系）

| 対象データ | 重み付き有向グラフ |
|---|---|
| 基本規則 | 連結図に準じる.<br>有向エッジの向き ⇒ 線の先端の形状など.<br>エッジの重み($Q$) ⇒ 線の太さ. |
| 美的基準 | 大局的な流れがつかみやすいようにノードを配置する. |

## 11.3 🝀 連結系における視覚的混雑を回避する技術

　連結図は，ネットワークの視覚的表現として直感に合っている反面，ネットワークの規模が大きくなると視覚的混雑を引き起こす．とくに，エッジ密度[†]が高くなると，エッジを表す線が密集することで，読み取りにくい図になってしまう．そのような図は「ヘアボール状態」にあるという．そのような視覚的混雑を回避する技術がいくつか提案されている．

### 🝀 ラベルの拡張

　連結図の応用を考えた場合，ノードやエッジにラベルを付けたいが，ラベル自体がスペースを占め，新な混雑を生み出す．このような問題の解決策として，ラベル自体をエッジの表現とする手法が提案されている[63]．図 11.8 は，この手法の適用例を示して

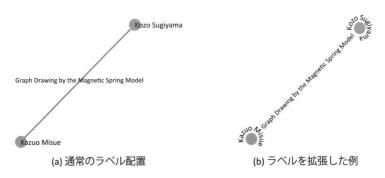

(a) 通常のラベル配置　　　　　　　　(b) ラベルを拡張した例

図 11.8　ラベルの拡張の適用例

---

†　単純な無向グラフにおいて，すべてのノードの間にエッジが存在するグラフを**完全グラフ**とよぶ．ノード数が $n$ のとき，完全グラフのエッジ数は $n(n-1)/2$ である．完全グラフのエッジ数に対する実際のエッジ数の割合をエッジ密度とよぶ．

いる．図11.8(a) のようなラベル配置では，ノードやエッジが増えるにつれてラベル
による混雑も増えることが，容易に想像できよう．図11.8(b)では，ノードのラベルを
ノードを表す小円を囲むように配置する工夫をしている．

## エッジバンドル

エッジバンドル（edge bundle）は，ノードを共有するエッジどうしをなめらかに束
ねることで，エッジの混雑を回避する手法である[64]．図11.9はエッジバンドルを有向
グラフに適用した例を示している．赤–緑の色はエッジの向きを表している．図11.9(a)
は適用前の状態で，エッジによって表示領域が埋めつくされている．図11.9(b)は適用
後の状態で，エッジが束ねられたことで，グラフの骨格が明らかになっている．

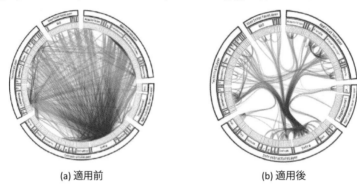

(a) 適用前        (b) 適用後

図 11.9 **エッジバンドルの適用例**（カラー図版も参照）

[出典：文献 [64]．© 2006 IEEE]

## 部分エッジ描画

部分エッジ描画（partial edge drawing; PED）は，連結図においてエッジを表す線
分の一部だけを描くものである．すべてのエッジが完全に描かれた通常の連結図（完全
エッジ描画）と，部分エッジ描画の例を図11.10に示す．線分の中心部分を省略するこ
とで，線分の交差がなくなり，視覚的混雑の低減が期待できる．部分エッジ描画では，
省略された残りの部分をスタブ（stub）とよぶ．中心部分を省略すると一対のスタブが
残るが，それらの長さが等しい場合，対称部分エッジ描画（symmetric PED; SPED）
とよぶ．線分全体に対するスタブの長さをスタブエッジ比とよぶ．すべてのエッジのス
タブエッジ比が均一で，$\delta$で表されるとき，$\delta$–対称均一部分エッジ描画（$\delta$-symmetric
homogeneous PED; $\delta$-SHPED）とよぶ．

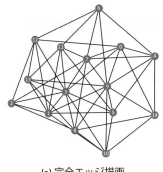

(a) 完全エッジ描画

(b) 部分エッジ描画（1/4-SHPED）

図 11.10 **完全エッジ描画と部分エッジ描画の例**

Bruckdorfer らは，グラフの読み取り性能に関して通常の連結図と 1/4-SHPED の比較実験を行った[65]．その実験結果からは，グラフの読み取り（二つのノードの隣接確認や隣接しているノードの探索の）タスクにおいて，通常の連結図よりも 1/4-SHPED のほうが，回答時間は長くかかるが，精度が高くなる場合があることが読み取れる．また，Binucci らはより詳細な評価実験を実施して，SPED の中では SHPED がグラフの読み取り精度が高いことを明らかにした[66]．

# **11.4** 整列系によるグラフの表現手法

表あるいは行列表現のような整列系の図によってグラフを表現することもできる．

## 整列系▶隣接行列表現

グラフの数学的な表現の仕方に**隣接行列**とよばれるものがある．行列の各行と各列でそれぞれノードを表し，各成分がエッジの存在を表す．グラフを表現する隣接行列は，表現を工夫することで視覚的な表現になる．隣接行列ではエッジの存在を数字で表すが，数字の代わりに行と列からなる表のマス目を塗りつぶすことで，視覚的表現が得られる．表 11.9 に**隣接行列表現**の表現規則を示す．マス目の表現を工夫することで，エッジの存在だけでなく，重みを表すこともできる．

図 11.11 は，同じ無向グラフを(a)連結図，(b)隣接行列，(c)隣接行列表現で表したものである．隣接行列および隣接行列表現では有向グラフを表現できるが，この例では無向グラフを表現している．無向グラフであるため，隣接行列および隣接行列表現が対

表 11.9　グラフの隣接行列表現の表現規則（整列系）

| 対象データ | グラフ |
| --- | --- |
| 基本規則 | ノード ⇒ 行および列<br>エッジ ⇒ ノードが対応する行および列の交差する欄の表現（色など） |
| 作図規則 | 各ノードが 1 行および 1 列をなす表を描き，各欄にエッジを表す表現を描く． |
| 美的基準 | グラフの特徴が顕在化するように行や列を入れ替える． |

(a) 連結図　　　　　　(b) 隣接行列　　　　　　(c) 隣接行列表現

図 11.11　連結図と行列表現による無向グラフの描画

角線に対して対称になっている．

　有向階層グラフを隣接行列で表現すると，対角成分に近い部分だけにエッジがいくつかのかたまりになって出現する傾向にある．ほかの部分は空白（隣接行列では 0）となり，視覚的表現の空間効率はよくない．隣接行列表現において，有向階層グラフを空間効率よく表現する手法として，Quilts とよばれる手法が提案されている[67]．

# 11.5 🔵 複合系によるグラフの表現手法

　複合系によるグラフの表現手法もいくつか提案されている．基本系の組み合わせ方には，大きく分けると 2 通りの方針がある．一つは適材適所の考え方に基づく．「つなぐ」が有利な部分は連結系で，「並べる」が有利な部分は整列系で表すというものである．もう一つは，複合グラフのような拡張されたグラフの可視化において，異なる種類の関係を異なる表現系で表すものである．

## 適材適所の考え方による複合系の利用

　連結図は，エッジがノードをつなぐという関係を直感的に表すことができる．その一方で，エッジ密度が高いグラフは視覚的混雑を引き起こし，しばしばヘアボール状態になる．隣接行列表現ではエッジが多くても，塗りつぶされるマス目が増えるだけで，視覚的な混雑は発生しない．むしろ，完全グラフに近い状態であれば，エッジのない場所が明確に読み取れる場合もある．連結図と隣接行列表現においてグラフの読み取りやすさを比較した実験では，多くの作業において隣接行列表現が優位であったのに対して，特定の条件下においてパスを読み取る作業に関しては，連結図のほうが有利であるという結果が示された[68]．このように，連結図と隣接行列表現には表現上の得意不得意があるため，それらの組み合わせは両方の利点の活用につながる．

## 連結系＋整列系▶NodeTrix

　NodeTrix は，連結図に隣接行列表現を組み合わせた表現手法である[69]．グラフの一部が，隣接行列表現で連結図に組み込まれている．表 11.10 に NodeTrix の表現規則を示す．図 11.12 に NodeTrix による無向グラフの描画例を示す．この図は研究者の共著

表 11.10　NodeTrix の表現規則（連結系＋整列系）

| 対象データ | グラフ |
|---|---|
| 基本規則 | ノードの表現は連結図あるいは隣接行列表現に準じる.<br>エッジ ⇒ ノードを表す点あるいは行または列をつなぐ線 |
| 作図規則 | 連結図と隣接行列表現のそれぞれに準じる.<br>隣接行列表現もノードと同様に自由配置. |
| 美的基準 | エッジ密度の高い部分を隣接行列表現で表す. |

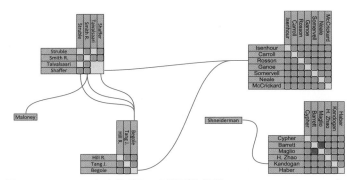

図 11.12　NodeTrix によるグラフの描画例 [提供：Jean-Daniel Fekete, INRIA]

関係を表現したものである．隣接行列表現の行や列もノードを表しているため，行や列
の端をつなぐ連結線も描かれる．エッジ密度の高い部分を隣接行列表現にすることで，
エッジの視覚的な混雑を避けた図を描くことができる．

　適材適所の考え方に基づく手法としては，ほかにも隣接行列表現を主として，連結図
を組み合わせた表現手法である MatLink[70] などがある．

## ◉ 拡張グラフの表現

　実世界の関係を抽象化する際に，グラフをなす項目が集合としての関係も備えること
がある．たとえば，人の関係を考えるとき，友人関係はグラフとして表されると同時に，
サークルなどのコミュニティへの帰属は集合として表される．このような複合関係を視
覚的に表現する際には，グラフとして表される関係は連結図で，集合として表される関
係はオイラー図で表したいと考えるのは自然なことであろう．そのため，複合関係の表
現にも複合系が利用される．

## ◉ 連結系＋領域系▶クラスタグラフの表現

　ノードが集合の要素でもあるようなグラフは**クラスタグラフ**（clustered graph）とよ
ばれる．つまり，クラスタグラフでは，いくつかのノードを要素とする集合，さらにそ
のような集合を要素とする集合を表すことができる．クラスタグラフの描画手法とし
て，連結図とオイラー図を組み合わせた表現手法が Feng らによって開発された[71]．
Feng らが開発したクラスタグラフの表現規則を表 11.11 に示す．なお，ここで $F$ は集
合であり，ノードあるいはノードの「集合」を要素とする[†]．

表 11.11　クラスタグラフの複合表現の表現規則（連結系＋領域系）

| 対象データ | クラスタグラフ（集合の集合 $F$） |
|---|---|
| 基本規則 | 連結図に準じる．<br>集合（$F$ の要素）⇒ 要素を囲む領域 |
| 作図規則 | ノード：自由配置<br>エッジ：直線配線 |
| 美的基準 | 無向グラフの自由配置に準じる．<br>同じクラスタに含まれるノードやクラスタは近くに配置する． |

---

† この説明は正確ではない．厳密には再帰的に定義する必要があるが，ここでは省略する．

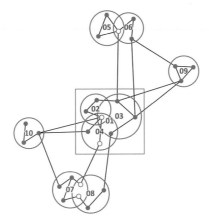

図 11.13　クラスタグラフの描画例

　Feng らが開発したクラスタグラフの描画手法では，二つ以上の集合が交差する（ノードを共有する）ことを許さなかったが，その後 Omote らによって，集合の交差があっても描画が可能な手法が開発された[72]．図 11.13 は Omote らが開発したクラスタグラフのレイアウト手法による描画例である．

### 連結系＋領域系▶複合有向グラフの表現

　複合グラフ（compound graph）では，ノードを包含する集合もノードであり，エッジでつなぐことができる．クラスタグラフは，ノードを含む集合はノードではないためエッジでつなぐことができない．クラスタグラフは複合グラフの特殊ケースと考えることもできるため，複合グラフはクラスタグラフの上位概念である．エッジに向きのある複合グラフを**複合有向グラフ**（compound digraph）とよぶ．表 11.12 に，三末らが開

表 11.12　複合有向グラフの複合表現の表現規則（連結系＋領域系）

| 対象データ | 複合有向グラフ（隣接エッジ集合 $E$，包含エッジ集合 $I$） |
|---|---|
| 基本規則 | ノード ⇒ 長方形の領域<br>隣接エッジ（$E$ の要素）⇒ ノードをつなぐ線<br>包含エッジ（$I$ の要素）⇒ 領域の包含関係 |
| 作図規則 | ノード：複合平行配置<br>エッジ：下向き折れ線配線 |
| 美的基準 | 有向グラフの階層配置に準じる．<br>隣接エッジによるノードの横断数を最小化する． |

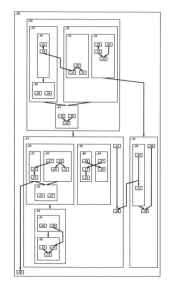

図 11.14　**複合有向グラフの描画例**

発した複合有向グラフの表現規則を示す[73, 74]．これは，有向グラフのレイアウト手法
である Sugiyama アルゴリズムを，複合有向グラフ用に拡張したものである．図 11.14
は複合有向グラフの描画例である．

## 🌑 演習課題

**11.1**　グラフを視覚的に表現する際に，具体的に表すべきものは何か答えなさい．

**11.2**　連結図（node-link diagram）の表現規則を書きなさい．

**11.3**　グラフを連結図として平面上に描くこと自体は簡単である．しかし，描いたもの
　　　　を情報の伝達手段として使用することを前提とすると，グラフ描画は難しい問題
　　　　になる．その理由を説明しなさい（ヒント：美的基準（**7.2** 節））．

**11.4**　グラフのレイアウト手法の一つであるスプリングモデルについて調べなさい．そ
　　　　して，どのようにしてノードの配置を求めるか解説しなさい．

**11.5**　隣接行列表現に関して，表 **11.9** に示した美的基準をより具体化することを試み
　　　　なさい．

# 12 階層データの表現手法

階層データとは，階層構造を備えるデータである．階層構造とは，ある項目の配下に別の項目がいくつかあり（なくてもよい），それらの項目の配下にもそれぞれまた別の項目がいくつかあり，それらの項目の配下にも ... と繰り返されるような構造である．階層構造は管理，分類，整理などに便利であるため，実社会のさまざまな場面で広く用いられている．階層構造は数学的には根付き木で表現できる．本章では，根付き木の視覚的な表現手法について説明する．

## 12.1 🔍 根付き木

単純で，閉路がなく，連結であるグラフは**木**（tree）とよばれる．ノードの一つが**ルート**（root）として定まっている木は**根付き木**（rooted tree）とよばれる[†]．本章で対象とするデータ構造は根付き木である．

木はグラフの一種であるため，ノードとエッジで構成される．エッジでつながった二つのノードに関して，ルートに近いほうを（もう一方の）「親」，もう一方を「子」とよぶ．根付き木は，ルートを定めたことでエッジの向きも定まるため，有向グラフとみなすことができる．根付き木の基本的な性質は，

　（1）ルートが一つある，

　（2）ルート以外のノードは親を一つもつ，

というものである．子の数は一つとは限らない．

同じ親をもつノードを「兄弟」とよぶ．子をもたないノードを**リーフ**（leaf），それ以外のノードを**中間ノード**とよぶ．ルートからあるノードまでのパスに含まれるエッジの数をそのノードの「深さ」とよぶ．深さのことを「レベル」ともよび，同じ深さのノードは同じレベルにあるという．

---

[†] ルートのない木は**根無し木**（unrooted tree）や**自由木**（free tree）とよばれる．

## 2分木と重み付き根付き木

　根付き木に関連する概念に，2分木と重み付き根付き木がある．子の数が高々2の根付き木を**2分木**（binary tree）とよぶ．また，すべてのリーフが同じ深さをもち，リーフでないすべてのノードが二つの子をもつ2分木を**完全2分木**とよぶ．根付き木では一般的に子に順序は定められていないが，2分木では子に順序が定められていることが多く，二つの子が左の子と右の子として区別される．

　ノードが重みをもつような根付き木を**重み付き根付き木**とよぶ[†]．重みのもち方に種類があり，リーフだけが固有の重みをもつものと，各ノードが固有の重みをもつものがある．リーフだけが固有の重みをもつ場合には，リーフ以外のノードの重みは子の重みの合計とする．根付き木として抽象化できる構造は実世界に幅広く存在するが，それらの多くの構造はノードに相当する各項目が重みをもつ．たとえば，ファイル管理構造では，ノードがファイルやフォルダに対応するが，ファイルはデータ量（ファイルサイズ）をもつ．このような重みも含めて抽象化したものが，重み付き根付き木である．

## 根付き木の表現の基本

　根付き木の表現の基本は，ノードを表すことと，親子関係を表すことである．親子関係は非対称の関係であることから，有向エッジの表現と同様に，向きも表す必要がある．さらに，2分木を対象にする場合には左右の子の区別も必要であり，重み付き根付き木を対象にする場合にはノードの重みも表す必要がある．なお，根付き木は有向グラフの一種とみなすことができることから，有向グラフの表現手法（第11章参照）を用いて表現することもできる．

## 12.2　準座標系による根付き木の表現手法

　根付き木の表現手法には，連結系と領域系が多いが，準座標系のインデント表現も広く用いられている．

---

[†] 重み付きグラフは一般的にエッジが重みをもつ．そのため，ここで扱う重み付き根付き木を重み付きグラフの一種とすると，誤解を招く危険性がある．

## 準座標系▶インデント表現

　インデント表現は，文字列のインデンテーション（段下げ）だけで，根付き木を表現できるため，文書中などで簡易的に表現できることから広く用いられている．インデント表現の表現規則を表 12.1 に示す．文字列で表された部分を基本図形として捉えると，基本図形の相対的な位置関係により根付き木を表していることから，準座標系とみなすことができる．

表 12.1　**根付き木のインデント表現の表現規則（準座標系）**

| 対象データ | 根付き木 |
|---|---|
| 基本規則 | ノード⇒文字列など<br>子は，親よりも下に配置するとともに，親に対して 1 単位右にずらして配置する． |
| 作図規則 | 親と子の間には，その親の子孫だけを配置する． |
| 変形・拡張 | 兄弟間に順序がなければ，それらの兄弟をそれぞれ根とする部分木を入れ替えてもよい． |

# 12.3 整列系による根付き木の表現手法

　根付き木はグラフの一種であることから，グラフの表現手法である整列系の隣接行列表現も利用できる．ただし，根付き木を（p.140 の図 11.11(c) のような）隣接行列表現で表す利点はあまりない．まず，隣接表列表現では，階層構造が読み取りやすいとはいえない．また，木は連結グラフの中で最もエッジ数が少ないため，隣接行列表現では空欄が多く，空間効率がよくない．

# 12.4 連結系による根付き木の表現手法

　連結系における根付き木の表現手法としては，連結図を利用するものと，領域（面）の配置を利用するものがある．

## 連結図による根付き木の表現

　連結図による根付き木の表現規則を表 12.2 に示す．連結図で根付き木を表現する際には，ノードをつなぐ線で親子関係を表現する．しかしながら，線は一般的に向きの情

報をもたないため，線でつながれた二つのノードのどちらが親でどちらが子かは読み取れない．そこで，線に向きの情報を付与する必要がある．図12.1は連結図において親子の向きを表現する例を示している．図12.1(a)は，線を矢印にすることで向きの情報を付与する方法である．これにより向きを表現することが可能になる．その場合でも，矢印が親から子に向いているのか，子から親に向いているのかの説明は必要である．線に向きを付与する方法には，ほかにもいくつかの方法がある（第6章参照）．図12.1(b)は，線でつながった二つのノードの配置で向きを表す方法である．この例では上を親，下を子としている．これ以外にも，たとえば左右の配置で表すことも可能である．

表12.2　連結図による根付き木の表現規則（連結系）

| 対象データ | 根付き木 |
|---|---|
| 基本規則 | ノード⇒点<br>親子関係⇒点（ノード）をつなぐ線<br>親子関係の向きを「何か」で表す． |

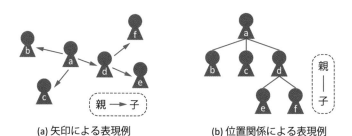

(a) 矢印による表現例　　　　(b) 位置関係による表現例

図12.1　連結図における親子の向きの表現例

## 連結系▶根付き木の平行配置の連結図

　連結図による根付き木の表現で広く用いられる手法が平行配置である．表12.3に表現規則を示す．平行配置では，水平な，そして通常等間隔の平行線上にノードが配置される．向きはノードの上下関係で表される．つまり，ルートは最も上（あるいは下）の水平線上に配置され，子は親の下（あるいは上）の水平線上に配置される．図12.2に描画例を示す．この例は大学の組織構造を示したものである．

　平行配置の連結図の作成は，点を平行線上に配置し，親子関係にある点を線でつなぐことが基本である．さらに，線が交差しないようにするためには，親が同じ子，すなわち兄弟が隣り合うように並べる必要があるが，それはそれほど難しくはない．ただし，

表12.3 根付き木の平行配置の連結図の表現規則（連結系）

| 対象データ | 根付き木 |
| --- | --- |
| 基本規則 | 連結図に準じる.<br>親子関係の向き ⇒ 上下関係（上が親あるいは下が親） |
| 作図規則 | ノード：平行配置（水平）<br>エッジ：下向き直線配線 |
| 美的基準 | 隣接ノードに対する横方向のバランスをとる. |
| 変形・拡張 | 平行線は垂直でもよい（左が親あるいは右が親）. |

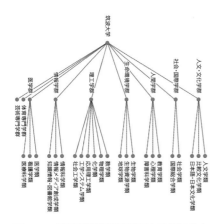

図12.2 平行配置の連結図による根付き木の描画例

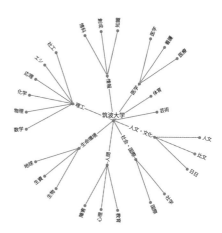

図12.3 放射状配置の連結図による根付き木の描画例

実際には基本規則を満たすだけでなく，可読性に配慮した配置が行われることが多い.たとえば，図12.2に示した例で，水平方向の位置に着目すると，子の中心に親が配置されていることがわかる.このような美的基準にまで配慮しようとすると，作図は簡単ではなくなる.美的基準に配慮したアルゴリズムとしては，Walker IIの手法[75]やその計算効率を改良したもの[76]がある.

## 空間効率について

情報を表現する際の表現空間の利用率を**空間効率**とよぶ.視覚的表現を設計する際に配慮すべき重要な基準である.空間効率がよい表現は表現空間を無駄なく使う.

連結図は線でノードをつなぐことでノード間の関係を表現するが，線を描くためには

地の部分が必要である．地の部分から線を明確に区別できるようにするためには，地の部分にほかの情報を埋めることは避けるべきである．そのため，連結図はほかの表現手法に比べて空間効率があまりよくない．表現対象である根付き木の構造にも起因するが，平行配置による表現では，とくに根の付近の空間効率が悪い．たとえば図 12.2 からもわかるように，下部はノードが密集しているのに対して，ルート付近は閑散としている．

## 連結系▶根付き木の放射状配置の連結図

放射状配置は平行配置の平行線を極座標系に変形したものといえる．すなわち，ルートが原点に，それ以外のノードは原点を中心とする同心円上に配置される．表 12.4 に表現規則を示す．ルートを中心として子を放射状に配置することで，ルート付近の空間効率を改善できる．また，ルートから離れるに従って増えるノードを，外側のより大きな円周上に配置できる．図 12.3 は，図 12.2 に示した根付き木を放射状配置した例である．放射状配置は，ノードが同レベルにあるかどうかの判別が，平行配置に比べて難しい．

表 12.4 根付き木の放射状配置の連結図の表現規則（連結系）

| 対象データ | 根付き木 |
|---|---|
| 基本規則 | 連結図に準じる<br>親子関係の向き ⇒ 中心に近いほうが親 |
| 作図規則 | ノード：円周配置<br>エッジ：放射状直線配線 |
| 美的基準 | 子に対する偏角方向のバランスをとる． |

## 連結系▶デンドログラム（樹状図，系統図）

デンドログラム（dendrogram．樹状図，系統図ともいう）も，連結図による根付き木の表現手法である．平行配置に似ているが，リーフが一列に配置され，通常はエッジが折れ線で描かれる[†]．表 12.5 にデンドログラムの表現規則を示す．デンドログラムは，おもに階層クラスタリングの結果として得られる重み付き根付き木を表示するために利用される．クラスタを構成する要素の類似度が重みとして用いられる．図 12.4 に

---

[†] 中間ノードが水平線で，エッジが垂直線で表されるとみなすこともできる．

表 12.5　デンドログラムの表現規則（連結系）

| 対象データ | 2 分木（クラスタ） |
|---|---|
| 基本規則 | ノード（⇒ 点）<br>親子関係 ⇒ 折れ線（上が親）<br>クラスタ内の類似度 ⇒ 縦方向の位置 |
| 作図規則 | リーフ：直線配置<br>エッジ：折れ線配線<br>縦方向の座標軸を描く. |
| 美的基準 | 横方向の位置は子の横方向のバランスをとる. |

図 12.4　デンドログラムの例

デンドログラムの例を示す. 中間ノードの位置で重みを表しており, 中間ノードがリーフ側に近いほど, その中間ノード（クラスタ）に含まれる要素の類似度が高い. この例では, 上にルートを, 下にリーフを配置しているが, 左にルートを, 右にリーフを配置しても構わない（p.68 の図 6.12 参照）. また, 上下左右を入れ替えても構わない.

## 連結系▶H tree

H tree は, 根付き木の中でも二分木に特化した表現手法である[77]. フラクタル図形の一種で, 「H」の形を再帰的に繰り返したような形をしている. 空間充填曲線に似て, ノード数が多くなるほど空間を埋めつくす図になる. 表 12.6 に H tree の表現規則を示す. 図 12.5 は, 左からノード数が 3, 7, 15, 31 の完全二分木を H tree で示したものである. H tree では対象が完全二分木に近いときに空間効率がよい. ただし, レベルの比較は困難であるため, 実用上は対話的な操作など別の工夫が必要である. H tree の応用としては, 血統を表現するツール PedVis[78]がある.

表 12.6　H tree の表現規則（連結系）

| 対象データ | 2分木 |
|---|---|
| 基本規則 | ノード ⇒ 点<br>親子関係 ⇒ 線（線をたどって中心に近い方が親） |
| 作図規則 | ノード：H 状の再帰配置<br>エッジ：直線配線 |

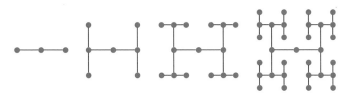

図 12.5　H tree の例

## 面の配置による根付き木の表現

　根付き木の表現手法には領域（面）の配置を利用したものもある．ノードを領域で表し，領域の隣接によりノードの隣接関係（親子関係）を表現する．連結図とは違ってノード間をつなぐ線は利用しないが，連結系の表現手法に含めることにする．領域（面）の配置を利用した根付き木の表現規則を表 12.7 に示す．面（ノード）を並べることが表現の基本であり，配置への意味付けを利用することが表現の要点である．ある制約の下での面の隣接（たとえば，上下の隣接）が親子関係の有無を表している．親子の向きを表すために，面の位置関係すなわち上下関係あるいは左右関係を利用することが多い．ノードを面で表すため，面の大きさで重みを表現することもできる．

表 12.7　面の配置による根付き木の表現規則（連結系）

| 対象データ | 根付き木 |
|---|---|
| 基本規則 | ノード ⇒ 面<br>親子関係 ⇒（ある制約下での）面の隣接<br>親子関係の向きを「何か」で表す． |

## 連結系▶氷柱ダイアグラム

　氷柱ダイアグラム（icicle diagram）は，面の配置による根付き木の表現手法である[79]．氷柱ダイアグラムの表現規則を表 12.8 に示す．図 12.6 は，図 12.2 に連結図で表した

根付き木を氷柱ダイアグラムで表したものである．表現対象が重み付き根付き木の場合，重みを長方形の横幅（すなわち面積）で表すことができる．子の横幅の合計が親の横幅に対応するため，リーフ以外のノードの場合には，子の重みの合計が横幅で表される．図 12.6 では，組織の人数を重みとして表している．

表 12.8　**氷柱ダイアグラムの表現規則（連結系）**

| 対象データ | 根付き木 |
|---|---|
| 基本規則 | ノード⇒長方形<br>親子関係⇒上下の隣接（上が親） |
| 変形・拡張 | 長方形の幅でノードの重みを表すこともできる．<br>左右や縦横を入れ替えてもよい． |

図 12.6　**氷柱ダイアグラムの例**

図 12.7　**サンバーストダイアグラムの例**

## 整列系▶サンバーストダイアグラム

サンバーストダイアグラム（sunburst diagram）は，氷柱ダイアグラムを放射状配置したものである[80]．サンバーストダイアグラムの表現規則を表 12.9 に示す．図 12.7 は，図 12.2 に連結図で表した根付き木をサンバーストダイアグラムで表したものである．サンバーストダイアグラムは，パイチャートの拡張として捉えることもできる．

表 12.9　**サンバーストダイアグラムの表現規則（連結系）**

| 対象データ | 根付き木 |
|---|---|
| 基本規則 | ノード ⇒ 扇形の一部<br>親子関係 ⇒ 放射状方向の隣接（内側が親） |
| 変形・拡張 | 扇形の角度でノードの重みを表すこともできる（参考：パイチャート）． |

## ◯ 表現空間の拡張

　空間効率を高める工夫として，表現空間を 2 次元平面から拡張することが考えられた．これらの手法は，根付き木を静止画として表現するのではなく，基本的には対話的な操作体系とともに用いられるよう設計されている．

　コーンツリー（cone tree）は，3 次元の表現空間を利用するために，平行配置の表現を 3 次元に拡張した[81]．円錐（cone）の頂点にルートを配置し，底面の円周上に子を配置する．対話的な操作が提供されており，ノードを指定すると，円錐が回転し，そのノードが手前に移動する．ノードを表す矩形はすべて手前を向いており，ラベルを読みやすくしている．また，下の面に円錐の影を表示することで全体像の把握を助けている．

　ハイパボリックツリー（hyperbolic tree）は，非線形の双曲線空間を表現空間として利用する[82]．選択されたノードの近辺は大きく表示され，そのノードから遠ざかるにつれて小さく表示され，さらに遠くは省略される．

　限られた表現空間において大規模なデータを表現しようとすると，基本的には，一部だけを表示するか，全体を縮小して表示することになる．そこで，全体の概要（context）と詳細情報（focus）を同時に観察したいという要望への対処方法として，Focus＋Context とよばれる考え方が提案された．

　ハイパボリックツリーは Focus＋Context の一つの実現形態である．Focus 部分を対話的に指定する使い方が想定されており，あるノードを選択すると，そのノードがFocus として中心方向に移動するとともに，そのノードおよび近隣ノードが拡大表示される．

## 12.5 ◯ 領域系による根付き木の表現手法

　領域系における根付き木の表現手法は，オイラー図を基本とする．オイラー図は集合の表現手法であるが，兄弟関係にあるノード群を一つの集合として考えることで，根付き木の表現として利用できる．オイラー図を利用した根付き木の表現規則を表 12.10 に，オイラー図による根付き木の表現例を図 12.8 に示す．根付き木では，各ノードの親の数は高々 1 であることから，同じレベルにあるノード群が構成する集合は互いに交差しない．つまり，根付き木を表すオイラー図は領域が交差することはなく，入れ子だけを表現する．そのため，一般的な集合を表現する場合に比べると，根付き木を表すオイラー図の描画は容易である．それでも，空間効率がよくなるように，あるいは配置のバランスがよくなるように，領域を描くためのさまざまな工夫が考案されている．

表 12.10　オイラー図による根付き木の表現規則（領域系）

| 対象データ | 根付き木 |
|---|---|
| 基本規則 | ノード ⇒ 点または領域<br>親子関係 ⇒ 点や領域の包含関係<br>　　　　　　（親が子を含む） |

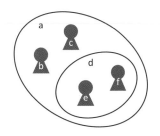

図 12.8　オイラー図による根付き木の表現例

## 領域系▶平安京ビュー

**平安京ビュー**は，入れ子状の長方形で根付き木を表現する[83]．平安京ビューの表現規則を表 12.11 に，描画例を図 12.9 に示す．平安京ビューでは，すべてのリーフが同じ大きさの正方形で表され，領域にできるだけ無駄な余白ができないようにするとともに，縦横ができるだけ揃うように領域を配置する．

同様に入れ子状の長方形で根付き木を表現する手法に**量子的ツリーマップ**（quantum treemap）[84, 85]がある．オイラー図を基本とする点は同じであるが，異なる配置アルゴリズムを採用している．

表 12.11　平安京ビューの表現規則（領域系）

| 対象データ | 根付き木 |
|---|---|
| 基本規則 | ノード ⇒ 長方形領域<br>リーフ ⇒ 色付きの正方形<br>親子関係 ⇒ 領域の包含関係<br>　　　　　　（親が子を含む） |
| 美的基準 | 領域の余白を少なくする．<br>領域が縦横に揃うようにする． |

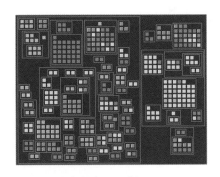

図 12.9　平安京ビューの例
[提供: 伊藤貴之（お茶の水女子大学）]

## 領域系▶circle packing layout

**circle packing layout** は，入れ子状の円で根付き木を表現する[86]．circle packing layout の表現規則を表 12.12 に示す．領域の形状が円だけであるため空間効率があまりよくないが，すべてのノードが相似形で表されることからグリフの埋め込みには便利である．応用としては，円形のグリフを埋め込んだ ClockMap[87]などがある．

表 12.12　circle packing layout の表現規則（領域系）

| 対象データ | 重み付き根付き木 |
|---|---|
| 基本規則 | ノード ⇒ 円形領域<br>リーフの重み ⇒ 面積<br>親子関係 ⇒ 領域の包含関係（親が子を含む） |

## 🌑 領域系▶ツリーマップ

　ツリーマップ（treemap）は，領域分割により重み付き根付き木を表現するもので，空間効率のよさを特徴とする手法である[88]．ツリーマップの表現規則を表 12.13 に示す．2 次元平面上の長方形領域を表現空間とし，その長方形を兄弟間で重みに比例した面積で分割することが表現の基本である．まずルートの子の間で長方形を分割する．それぞれの子に割り当てられた長方形を，さらに子があれば，その子の間で分割する．このような分割を，リーフにたどり着くまで繰り返す．図 12.10 に，図 12.6 と同じ重み

表 12.13　ツリーマップの表現規則（領域系）

| 対象データ | 重み付き根付き木 |
|---|---|
| 基本規則 | ノード ⇒ 長方形領域<br>ノードの重み ⇒ 長方形の面積<br>親子関係 ⇒ 領域の包含関係（親が子を含む） |
| 作図規則 | 親の領域を子の重みで分割する（親の領域内に子を隙間なく配置する†）． |
| 美的基準 | 領域の縦横比をできるだけ 1：1 に近づける． |

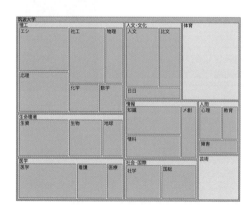

図 12.10　ツリーマップの例

---

†　実際には，親の領域の一部をラベルのためのスペースとして残すこともある．

付き根付き木をツリーマップで描いた例を示す.

　ツリーマップは長方形の分割の仕方により，その様相が大きく異なる．初期に開発された単純な分割方法は slice-and-dice とよばれるもので，長方形を縦方向あるいは横方向に分割する．その際，偶数番目のレベルと奇数番目のレベルで分割する方向を替える．

## より高度なツリーマップ

　slice-and-dice のアルゴリズムは単純であるが，領域が極端に細長くなる欠点がある．そこで，分割された領域ができるだけ正方形に近くなるようなアルゴリズム（squarified treemap）が開発された[89].

　対象データによっては，ノードの重みが時刻とともに変化することも考えられる．分割アルゴリズムによっては，重みの変化とともにノードの位置が大きく変わるものもあるが，ノードの重みが変化した場合でもレイアウトを大きく変化させないアルゴリズムも提案されている[90, 91].

　ツリーマップでは，リーフに対応する長方形領域に対象データを表すラベルを文字で埋め込むほか，領域の色や模様でリーフがもつ別の変量を表現することもできる．さらには，各長方形領域にチャートを埋め込むことも可能である．

## 領域系▶ボロノイツリーマップ

　元々のツリーマップは長方形領域を利用するが，その形状を多角形に拡張したものがボロノイツリーマップ（Voronoi treemap）である[92]. ボロノイツリーマップの表現規則を表 12.14 に，描画例を図 12.11 に示す．表示領域が長方形に限定されないため，表現の自由度が高まるという利点がある．さらに，長方形への分割の場合には，分割の仕方によっては連続の要因がうまくはたらかず，境界線を読み誤ることがあったが，ボロノイ分割の場合には，分割の階層がわかりやすく，境界線が読み取りやすい．

表 12.14　ボロノイツリーマップの表現規則（領域系）

| 対象データ | 重み付き根付き木 |
|---|---|
| 基本規則 | ノード ⇒ 多角形領域<br>ノードの重み ⇒ 多角形の面積<br>親子関係 ⇒ 領域の包含関係（親が子を含む） |
| 作図規則 | 親の領域を子の重みで分割する（親の領域内に子を隙間なく配置する）． |

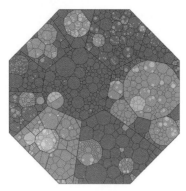

図 12.11　ボロノイツリーマップの例　［出典：文献［92］. © 2005 IEEE］

# 12.6 複合系による根付き木の表現手法

連結系，領域系の表現手法を単独で用いる際の欠点を補うために，異なる表現系を組み合わせる手法も提案されている.

**弾性階層**（elastic hierarchies）は，連結図とツリーマップを融合した手法である[93]. 平行配置の連結図は根付き木の自然な表現といえるが，12.4 節でも説明したように，空間効率の点で大規模データにはあまり適していない. それに対してツリーマップは空間効率のよい表現手法であるが，レベルを見比べるのが難しい. 弾性階層表現は，連結図とツリーマップを融合することで，両方の弱点を補う手法といえる.

**連結ツリーマップ**（linked treemap）は，連結図とツリーマップを 3 次元空間において融合したものである[94]. ツリーマップは空間効率がよいため，大規模データの表現も可能ではあるが，それでも大規模になると親子関係の把握が難しくなる. 連結ツリーマップでは，連結図とツリーマップを組み合わせることで，ツリーマップで読み取りにくい親子関係の把握を，連結図によって助けることができる.

## 演習課題

**12.1**　根付き木を視覚的に表現する際に，具体的に表すべきものは何か答えなさい.

**12.2**　グラフの連結図の表現規則（表 11.2）と根付き木の連結図の表現規則（表 12.2）を比較して，それらの違いについて考察しなさい.

**12.3**　オイラー図による根付き木の表現規則を書きなさい.

**12.4**　あなたの所属する組織の構造を氷柱ダイアグラムで描きなさい.

**12.5**　あなたの所属する組織の構造を所属人数に着目してツリーマップで描きなさい.

# **13** 地理データの表現手法

本章の対象データは位置に付随する（あるいは位置を参照する）データである．人口密度，輸出入量，気温など，さまざまなデータは場所に値が結びついている．つまり，位置に付随するデータといえる．広義には，建物内の部屋の位置を表すデータや人体の場所と機能を結び付けたデータなども位置に付随するデータといえる．

## **13.1** 地理データとその基本的な表現

位置は 2 次元上の点（$x$ 座標と $y$ 座標や，緯度経度）で表現できる．その観点では 2 変量量的データである[†]．

### 地理データを表現する際の注意

位置は 2 変量量的データとみなせるが，物理的な形状が存在するため，それを無視しないほうがよい．このあたりは，情報可視化が対象とするほかのデータ（多くはそもそも物理的な形状を備えない）とは異なる特徴を備える．そのため，地理データを可視化する際には，地図に関連付けるのが効果的である．ここでは，地図にフロアマップや人体図なども含む．地図は必ずしも本来の物理的な形状に忠実である必要はなく，表現すべき情報によっては，抽象化やデフォルメも効果的である．

### 目的による地図の分類

日常的にも身近に存在する地図であるが，大きく 2 種類に分けることができる．一つは**一般図**（general-reference map）である．空間的な事象の場所や名称を表現するた

---

† 高度（標高）まで含めると 3 変量量的データであるが，本章では扱わない．

めに使用するもので，道路地図や観光地図などがその代表である．町の位置や名前を知る，建物の位置や名前を知る，行政区域（国土，国境，県境）を知る，道路や鉄道の経路を知る，山や川の位置を知るなどの目的で利用される．もう一つは**主題図**（thematic map）である．人口密度，輸出入量，気温など，位置に結びついたデータを表すために利用される．情報可視化で作成する地図は，主として後者の主題図である[†1]．

## 地理データの分類

地理データは位置に何らかの値が付随する．そのため，「何に」付随するかと，「何が」付随するかによって分類できる．

まず，「何に」という観点では，地点（$L_p$）と領域（$L_a$）に分けることができる．ある観測地点の気温データは地点に付随しているといえよう．その一方で，人口のような行政区域に対する値は領域に付随するといえる．地点と領域の違いは，表現空間における位置の表し方に影響する．地点であれば，位置だけを表現できればよいため，0 次元図形が利用できる．一方，領域であれば，形状や面積も表す必要があり，2 次元図形を利用することになる．そのため，目的や状況によっては領域を地点として扱うこともある[†2]．なお，人や物の移動などは，始点と終点があるため，二つの地点（$L_p \times L_p$）に付随するといえる．

つぎに，「何が」という観点では，基本的にはデータの分類が利用できる．付随するデータは一般に，質的データ（各国の政治体制など）や量的データ（人口，気温など）に分類できる．ただし，地理データならではのデータも少なくない．おもに科学的可視化で扱われる空気（風）の流れは向きと強さがあるため，単なる量的データというよりも，地点ごとのベクトルデータと考えるほうがよいであろう．

## 地理データの表現の基本

地理データの表現の基本は，位置（$L_p$ や $L_a$）を表すことと，それを参照する変量を表すことである．位置に付随する変量が多変量の場合には，その多変量を表す．それらの変量は位置を参照するものであることから，位置と変量の関係も表す必要がある．

---

[†1] 道路地図，観光地図，地下鉄路線図などでも，地域情報や観光案内を付加する，利用目的に応じてデフォルメするなどの処理をコンピュータで行う事例も多く，情報可視化技術の一環ということができる．その観点では情報可視化の対象が主題図に限定される訳ではない．

[†2] たとえば，東京都は地点ではなく領域である．ただし，世界全体を俯瞰する場合には，東京都を地点として扱ってもよいだろう．

# **13.2** 地点をキーとする質的データの表現手法

地点をキーとする質的データ（$L_p \to C$）は，各地点に一つの質的データが付随したデータである．地点への存在のみを表すデータ（$L_p$）も，地点をキーとする質的データの特殊ケースとして，ここに含めておこう．

## 座標系▶地図上の散布図

地点への存在のみを表すデータは，座標で表される2変量量的データ（$Q \times Q$）と考えることもできる．そのため，地図を背景とした散布図が利用できる．地図上の散布図の表現規則を表 13.1 に示す．

表 13.1　地図上の散布図の表現規則（座標系）

| 対象データ | $L_p$ |
|---|---|
| 基本規則 | 項目 ⇒ 点<br>$L_p$ ⇒ 点の位置 |
| 作図規則 | 地図の座標系. |

## 座標系▶地図上の拡張散布図（色相など）

地点に質的データが付随する場合は，散布図において第3の変量が質的データである場合と同様に扱える．点の視覚変数によって質的データを表す．位置は地点の表現に利用するため，位置以外の視覚変数を利用する．図 5.11（p.58）を参考にすると，名義データの場合には色相や模様などを，順序データの場合には明度や彩度を利用するのがよいであろう．表 13.2 は，点の色相を利用した地図上の拡張散布図の表現規則を表している．

表 13.2　色相を利用した地図上の拡張散布図の表現規則（座標系）

| 対象データ | $L_p \to N$ |
|---|---|
| 基本規則 | 項目 ⇒ 点<br>$L_p$ ⇒ 点の位置<br>$N$ ⇒ 点の色相 |
| 作図規則 | 地図の座標系. |

## 座標系▶ほかの表現に重ねる集合の表現手法

集合は質的データと相互に変換できることから，地点に付随する質的データは地点の集合へと変換することができる．第10章で紹介した，バブルセット，ラインセット，ケルプダイアグラムは，集合を地図上に重ねて表現できる．そのため，これらの手法を用いて地点の集合を表現できる．

## 13.3 ☙ 地点をキーとする量的データの表現手法

地点をキーとする量的データ（$L_p \to Q$）は，各地点に一つの量的データが付随したデータである．

## 座標系▶地図上の拡張散布図（面積など）

地点に量的データが付随する場合は，散布図において第3の変量が量的データである場合と同様に扱える．図5.11を参考にすると，量的データの表現には長さ，角度，傾きに次いで面積が効果的といえる．ただし，地図の上での利用を考えると，点は位置を表現する役割を担う．その場合，点に対する視覚変数としては，長さ，角度，傾きはあまり都合がよくない．そのため，視覚変数としては面積を利用することが多い．たとえば，バブルチャートを応用すれば，第3の変量を円の面積で表すことになる．円の面積を利用した地図上の拡張散布図の表現規則を表13.3に示す．面積以外の視覚変数も利用できる．たとえば，読み取り精度は面積に劣るが，点の明度を利用してもよい．

表 13.3　面積を利用した地図上の拡張散布図の表現規則（座標系）

| 対象データ | $L_p \to Q$ |
|---|---|
| 基本規則 | 項目 ⇒ 円<br>$L_p$ ⇒ 円の位置<br>$Q$ ⇒ 円の面積 |
| 作図規則 | 地図の座標系. |

## 座標系▶地図上の3次元棒グラフ

視覚的変数の中でも長さは読み取り精度が比較的高いため，長さで量的データを表したいと考えるかもしれない．ただし，長さを表す長方形の棒は，地点の表現には適さな

い. 地図において棒の長さで量的データを表すための一つの手法が，3次元棒グラフの利用である．地図上の3次元棒グラフの表現規則を表 13.4 に示す．

図 13.1 は日本の人口分布を 3 次元的に表現した地図である[†]．地域ごとの人口を三角形の高さで表現している．三角形の高さと密度により，都市部への人口の集中がよくわかる．3次元表現であることで，たとえば都心の後ろが見えないが，ここではあまり問題ではない．

表 13.4 　地図上の3次元棒グラフの表現規則（座標系）

| 対象データ | $L_p \rightarrow Q$ |
|---|---|
| 基本規則 | 項目 ⇒ 地図上の棒<br>$L_p$ ⇒ 棒の（下端の）位置<br>$Q$ ⇒ 棒の高さ |
| 作図規則 | 地図の座標系．3次元表現． |

150万
100万
50万

図 13.1 　地図上の3次元棒グラフによる人口分布の表現
［データの出典：国土数値情報（国土交通省），政府統計の総合窓口（e-Stat）］

# 13.4 ◖ 領域をキーとする質的データの表現手法

領域をキーとする質的データ （$L_a \rightarrow C$） は，各領域に一つの質的データが付随したデータである．領域に付随する質的データは，面の視覚変数によって表すことができる．

---

[†] 実際には，3次元のチャートとして作成したものではなく，縦横比を変更した地図に縦長の三角形を配置することで3次元的に見せている．

効果的に利用できる視覚変数は点の場合と同様である．すなわち，値の種類があまり多くなければ，色相や明度が利用できる．

## 座標系▶領域の塗り分け

領域に質的データが付随する場合，面が利用できることに利点もある．領域の塗り分けによる地図上の質的データの表現規則を表 13.5 に示す．たとえば，図 13.2 は，茨城県の市町村を色相を利用して示したものである．値の種類は三つあり，青（市），赤（下図では薄いグレー：町），緑（下図では濃いグレー：村）が割り当てられている．

表 13.5　領域の塗り分けによる地図上の質的データの表現規則（座標系）

| 対象データ | $L_a \rightarrow C$ |
|---|---|
| 基本規則 | 項目 ⇒ 地図上の領域<br>$L_a$ ⇒ 領域の位置および形状<br>$C$ ⇒ 領域の色相 |
| 作図規則 | 地図の座標系． |

茨城県の市町村

市
町
村

図 13.2　領域の塗り分けによる地図上の質的データの表現例（カラー図版も参照）
[データの出典：国土数値情報（国土交通省），政府統計の総合窓口（e-Stat）]]

# 13.5　領域をキーとする量的データの表現手法

領域をキーとする量的データ（$L_a \rightarrow Q$）は，各領域に一つの量的データが付随したデータである．領域に付随する量的データの表現手法には，コロプレス地図，計量記号図，統計地図の 3 種類の手法がある．

## 座標系▶コロプレス地図

コロプレス地図（choropleth map）は，地図上の領域を，その領域に対応する値を表すパターンや色で塗り分けたものである．領域と値の関係が直感的に理解できる．コ

ロプレス地図の表現規則を表 13.6 に示す．図 13.3 は，茨城県の人口増減率を表現した
コロプレス地図である．

コロプレス地図は，面積がほぼ一様で，領域内のデータも一様に分布しているような
データの表現に適している．よくある失敗は，人口のような絶対値を表現しようとする
ことである．塗り分けに使用する色だけでなく面積でも量を読み取れるため，たとえば
人口が等しくても広い面積の領域のほうが量としては多いかのように読み取られる．ま
た，領域を一様に塗りつぶすことから，領域内での値の偏りは表せない．人口密度のよ
うな領域の面積で正規化した値であれば問題ない．

表 13.6　**コロプレス地図の表現規則（座標系）**

| 対象データ | $L_a \rightarrow Q$ |
|---|---|
| 基本規則 | 項目 ⇒ 地図上の領域<br>$L_a$ ⇒ 領域の位置および形状<br>$Q$ ⇒ 領域の明度（彩度，色相） |
| 作図規則 | 地図の座標系． |

茨城県の人口増減率（2010 年～2015 年）

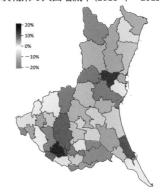

図 13.3　**コロプレス地図の例**（カラー図版も参照）
[データの出典：国土数値情報（国土交通省），
政府統計の総合窓口（e-Stat)]]

## 座標系▶計量記号図

計量記号図（graduated symbol map, proportional symbol map）は，値に比例し
た大きさの図形を地図上に配置したものである．地図上に配置した図形の大きさで値を
表現する．計量記号図の表現規則を表 13.7 に示す．

表 13.7　**計量記号図の表現規則（座標系）**

| 対象データ | $L_a \rightarrow Q$ |
|---|---|
| 基本規則 | 項目 ⇒ 地図上の領域<br>$L_a$ ⇒ 領域の位置および形状<br>$Q$ ⇒ 領域内に配置した図形の面積（長さ） |
| 作図規則 | 地図の座標系． |

　図 13.4 は茨城県の市町村単位の人口（2015 年）を表現した計量記号図である．図形の種類としては，面積から量を比較的読み取りやすい円や正方形がよく使われる．図形は基本的に各領域の中心に配置する．

茨城県の市町村の人口（2015 年）

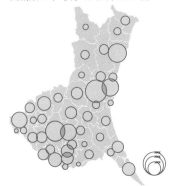

茨城県 労働力人口（2015 年）

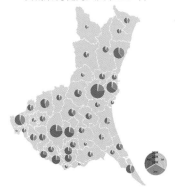

図 13.4　**計量記号図の例 1**
　　　［データの出典：国土数値情報（国土交通省），
　　　政府統計の総合窓口（e-Stat）］

図 13.5　**計量記号図の例 2**（カラー図版も参照）
　　　［データの出典：国土数値情報（国土交通省），
　　　政府統計の総合窓口（e-Stat）］

　単純な図形の代わりにチャートが配置されることもある．とくに，パイチャートは全体形状が円であるため，大きさを表す円の代わりに利用できる．パイチャートを利用した計量記号図の表現規則を表 13.8 に示す．図 13.5 は，労働力人口およびその産業 3 部門における比率を表すパイチャートを，地図上に配置したものである．パイチャート全体の面積で人口を，さらに人口を第 1 次産業，第 2 次産業，第 3 次産業に分けた比率をパイチャートで表している．

表 13.8　**パイチャートを利用した計量記号図の表現規則（座標系）**

| 対象データ | $L_a \rightarrow Q \times \cdots \times Q$ |
|---|---|
| 基本規則 | 項目 ⇒ 地図上の領域<br>$L_a$ ⇒ 領域の位置および形状<br>$Q \times \cdots \times Q$ ⇒ 領域内に配置したパイチャート |
| 作図規則 | 地図の座標系． |

　計量記号図は，量を表現する図形を単に配置するだけであれば，簡単に作成できる．しかし，小さい領域に大きい記号が対応する場合などに，図形どうしが重なる，領域自体が見えなくなるなどの問題が起こる．

## 準座標系▶統計地図

統計地図（cartogram, value-by-area map）は，地図中の各領域をその面積が値に対応するように変形させたものである．統計地図の表現規則を表 13.9 に示す．統計地図を構成する基本図形である面は現実の形状とは異なったものになり[†]，その位置も地図の座標系からは乖離することが多い．そのため，統計地図は準座標系に分類される．

統計地図は，領域を表現する形状によってさらに，長方形統計地図，円形統計地図，隣接領域統計地図に分類できる．

表 13.9　統計地図の表現規則（準座標系）

| 対象データ | $L_a \rightarrow Q$ |
|---|---|
| 基本規則 | 項目 ⇒ 領域<br>$L_a$ ⇒ 領域の相対的な位置や隣接関係など<br>$Q$ ⇒ 領域の面積 |
| 作図規則 | 地図の座標系に準じる． |

### 長方形統計地図

長方形統計地図（rectangular cartogram）は，領域を長方形で表現する．長方形の面積が値を表す．図 13.6 は関東地方の 1 都 6 県の人口分布を長方形統計地図で表したものである．長方形統計地図をコンピュータで自動的に描く手法については，Heilmann らが開発した RecMap[95] や，Wood らが開発した Spatially Ordered Treemap[96] などがある．

### 円形統計地図

円形統計地図（circular cartogram）は，領域を円で表現する．円の面積が値を表す．円は領域の隣接関係と相対的な位置をできるだけ保持し，重ならないように配置される[97]．図 13.7 は図 13.6 と同じデータを円形統計地図で表したものである．

---

[†] そもそも地図は球面の全部あるいは一部を平面に射影していることから，厳密には現実の形状を表していない．たとえば，日常的に広く利用されているメルカトル図法は，極付近の歪みが大きいことでよく知られている．しかし，この歪みは球面から平面への写像によって生じるものである．一方，統計地図における変形は量を面積で表現するためのもので，写像によって生じる歪みとは質が異なる．

図 13.6　**長方形統計地図の例**

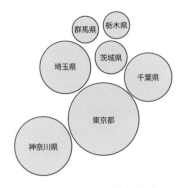

図 13.7　**円形統計地図の例**

### 隣接領域統計地図

　隣接領域統計地図（contiguous area cartogram）は，領域の隣接関係を保持しつつ，面積が値に対応するよう，領域の形状を変形したものである[98]．隣接領域統計地図の表現規則を表 13.10 に示す．

　図 13.8 は Dorling らによって進められている Worldmapper プロジェクト[99]によって作成された隣接領域統計地図である．図は 1900 年の人口分布を表している．日本は小さい島国ながら非常に多くの人口が集中していることや，逆に，オーストラリアは大陸ながら人口が少ないことがわかる．

表 13.10　**隣接領域統計地図の表現規則（準座標系）**

| 対象データ | $L_a \rightarrow Q$ |
|---|---|
| 基本規則 | 統計地図に準じる． |
| 作図規則 | 領域の隣接関係を維持する． |

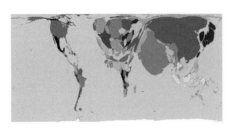

図 13.8　**隣接領域統計地図の例**
（カラー図版も参照）
［提供：Danny Dorling, University of Oxford］

図 13.9　**ネックレスマップの例**
（カラー図版も参照）
［提供：Kevin Verbeek, Eindhoven University of Technology］

### 🔵 座標系▸ネックレスマップ

　ここまでで紹介したコロプレス地図，計量記号図，統計地図以外にも，さらに改良された主題図が提案されている．

　**ネックレスマップ**（necklace map）は，地図を取り囲むように円周上（ネックレス状）に配置された円の大きさで量を表し，色が地図上の領域との対応を表すものである[100]．量を図形の大きさで表していることから，ネックレスマップは計量記号図の変形と考えることができる．領域から離れた円周上に量を表現する図形を配置することで，計量記号図の弱点である，記号どうしが重なる，領域自体が見えなくなるなどの問題が回避できるとともに，図形の大きさの比較も容易になっている．ネックレスマップの表現規則を表 13.11 に示す．図 13.9 は各州への不法移民数を表したネックレスマップである．

表 13.11　**ネックレスマップの表現規則（座標系）**

| 対象データ | $L_a \rightarrow Q$ |
|---|---|
| 基本規則 | 項目 ⇒ 色相<br>$L_a$ ⇒ 地図上の領域<br>$Q$ ⇒ 円の面積 |
| 作図規則 | 地図の座標系．<br>$Q$ を表す円を，対象領域群を囲む円周上に配置する．<br>地図上の領域と円を色相で対応付ける． |

# 13.6 🔵 ２地点をキーとするデータの表現手法

　**フローデータ**とは，人や物の地理的な移動，あるいは流れを表すデータである．地理的な始点と終点から構成される．さらに，人数や数量のような量的データが付随することも多い．形式的には二つの座標（計 4 変量）と一つの量的データの組であることから，5 変量データとして捉えることもできる．しかしながら，地理データとしての側面を重視するのであれば，地図に対応付けるのがよい．なお，特殊なケースとして，向きのない（始点と終点の区別のない）データもフローデータの一種として扱うこともある．

### 🔵 座標系▸フローマップ

　**フローマップ**（flow map）の素朴な表現は，地図上において始点から終点へと向かう矢印を描くことであろう．矢印の軸の太さを変えることで，量も表現できる[101]．フ

ローマップの表現規則を表 13.12 に示す．図 13.10 は，米国内におけるカリフォルニアからの移住（1965 年～1970 年）の様子を表したものである．この図は，Tobler が文献［101, Figure 6］において提案した図†を，Verbeek らが再現したもの[102]である．

表 13.12　**フローマップの表現規則（座標系）**

| 対象データ | $L_{p1} \times L_{p2} \to Q$ |
|---|---|
| 基本規則 | 項目 ⇒ 地図上の矢印<br>$L_{p1}, L_{p2}$ ⇒ 矢印の始点と終点の位置<br>$Q$ ⇒ 矢印の太さ |
| 作図規則 | 地図の座標系． |

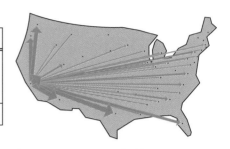

図 13.10　**フローマップの例**
［出典：文献［102］．ⓒ 2011 IEEE］

## 座標系▶樹状フローマップ

1978 年に Tobler によって提案されたフローマップは，フローが混み合うと矢印が重なり，見にくくなる．このような状況を解決するために，Verbeek らはフローを表す矢印を木の枝分かれのように描く手法を開発した[102]．**樹状フローマップ**の表現規則を表 13.13 に示す．図 13.11 は，Verbeek らによって描かれた樹状フローマップの例である．なお，Verbeek らの例では矢じりの代わりに円で終点を表している．

表 13.13　**樹状フローマップの表現規則（座標系）**

| 対象データ | $L_{p1} \times L_{p2} \to Q$ |
|---|---|
| 基本規則 | 項目 ⇒ 地図上の矢印<br>$L_{p1}, L_{p2}$ ⇒ 矢印の始点と終点の位置<br>$Q$ ⇒ 矢印の太さ |
| 作図規則 | 地図の座標系．<br>線の始点側を束ね，木の枝のように描く． |

図 13.11　**樹状フローマップの例**
［出典：文献［102］．ⓒ 2011 IEEE］

## 座標系▶OD マップ

Wood らによって提案された OD マップは，フローマップとは違う発想でフローデー

---

† カリフォルニアからの移住（1965 年～1970 年）を表現したもの．

タを表現する[103]．OD マップの表現規則を表 13.14 に示す．図 13.12 は，1995 年から 2000 年の間の米国内での移住の様子をフローマップで表現したものである．4660 万人 の移動の様子を表現しており，721,432 パターンが含まれる．これほどの規模になると， フローマップでは特徴を捉えることも困難である．

表 13.14　**OD マップの表現規則（座標系）**

| 対象データ | $L_{p1} \times L_{p2} \rightarrow Q$ |
|---|---|
| 基本規則 | 項目 ⇒ 地図上の点<br>$L_{p1}$ ⇒ 粗い格子の位置<br>$L_{p2}$ ⇒ 細かい格子の位置<br>$Q$ ⇒ 点の明度（彩度） |
| 作図規則 | 地図の座標系<br>地図を（粗い）格子に区切り，格子それぞれに縮小した地図を描く とともに，さらに同じ数の細かい格子に区切る． |

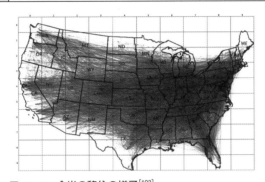

図 13.12　**全米の移住の様子**[103]
[© The British Cartographic Society 2010, Taylor &
Francis Ltd. の許可を得て転載]

OD マップでは，入れ子にした格子によって O（origin：始点）と D（destination：終 点）の対応を表現する．たとえば図 13.13(a) では，全体領域が 5 × 5 の格子に区切ら れている．そして，A2 の領域から E5 の領域へ，そして E5 の領域から A2 の領域へと 動きがあることを表している．図 13.13(b) はそれに対応する OD マップを表している． OD マップでは，各格子をさらに同じ数の格子に分割し，行き先の格子に色を付ける． A2 の格子から E5 の格子に向かう動きを表すために，大きい A2 の格子の中の右下の E5 に相当する小さい格子に色が付けられる．逆に，E5 の格子から A2 の格子に向かう 動きを表すために，大きい E5 の格子の中の左上付近の A2 に相当する小さい格子に色 が付けられる．このようにして，図 13.12 と同じフローデータを OD マップで表現し たものが図 13.14 である．

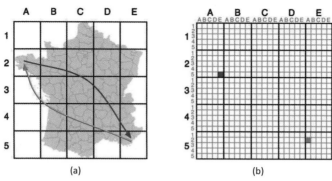

図 13.13 ODマップの基本表現[103]

[© The British Cartographic Society 2010, Taylor & Francis Ltd. の許可を得て転載]

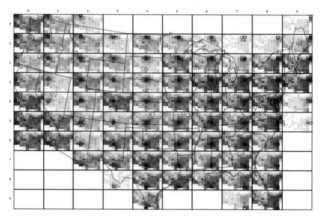

図 13.14 ODマップの例：全米の移住の様子（1995 年～2000 年）[103]

[© The British Cartographic Society 2010, Taylor & Francis Ltd. の許可を得て転載]

## 演習課題

13.1 位置に付随するデータを可視化する際には，位置を地図に関連付けるのがよいことが多い．その理由を考えなさい．

13.2 計量記号図とはどのような表現手法か説明しなさい．

13.3 コロプレス地図を作成する最に注意すべきことを説明しなさい．

13.4 樹状フローマップの利点と欠点を考察しなさい．

13.5 あなたの住む市町村およびそのまわりの市町村を，人口に着目して円形統計地図で描きなさい．

#  ⑭ 時刻データの表現手法

本章では「時刻」に関するデータの表現手法を扱う．時刻を表すために日常的に用いる単位は，時，分，秒であろう．ここでは，年月日も時刻を表す単位とみなす．なお，日常的には，年，月，日は時点ではなく範囲を表すことが多い．たとえば，「10月1日」は10月1日の1日間（24時間）という範囲を表す．そのような範囲も対象データとして考慮する．

## 14.1 ● 時刻データとその基本的な表現

**時刻データ**は量的データ，より厳密には間隔尺度のデータとして捉えることが多い．その場合，さらに2通りの捉え方がある．一つは**線形性**に着目するもので，時間が過去から未来へと後戻りなく進むものとして扱う．もう一つは**周期性**に着目するもので，時間は，1週間，1か月などの周期をもって繰り返されるとする．

量的データではあるが，離散データとして扱いたい場合も多い．2000年，2001年，2002年，…のような年や，1月，2月，3月，…のような月は離散数値データとみなしてもよいであろう[†]．また，年，月，日が時点ではなく範囲を表すという性質に着目すると，階級とみなすこともできる．つまり，1月，2月，…，12月は，1月1日〜31日，2月1日〜28日，…，12月1日〜31日という階級を表す．また，0時台，1時台，…，23時台は，00：00〜00：59，01：00〜01：59，…，23：00〜23：59という階級を表すものとする．

順序データを広義の時刻データとみなせる場合がある．学校の1時限，2時限，3時限は順序データであるが，時刻データとみなしてもよいであろう．さらには，「Aさんの到着の後にBさんが出発する」というように，事象の相対的な順序だけに関心がある場合にも，順序データを時刻データとして扱うほうが都合がよいかもしれない．

時刻データの表現手法は，時刻データの種類によって分類することができる．この章

---

[†] 年や月は長さが一定ではないが，離散数値データとして扱えば，そのことをあまり気にしなくて済む．

では，順序データ，線形性に着目する場合，周期性に着目する場合に分類して，それぞれを対象とした表現手法を紹介する.

# 14.2 時刻データとしての順序データの表現手法

順序データ単独であれば，順序データの表現手法（5.3節参照）が利用できる. ここでは，$O \times X$ や $O \to X$ のように，さらに別の値と組み合わされたデータの表現について説明する. ただし，$X$ は $C$ や $Q$ あるいはそれらの組とする. このようなデータは，多変量質的データの表現手法（第9章参照）を利用して可視化できる.

## 整列系▶並び順を利用した順序データの表現

順序データを正確に表現するためには，まずは位置の利用を検討すべきである. ここでは，順序データを位置（並び順）で表現する手法を紹介する.

### 並び順と位置を利用した $O \times C$ の表現手法

対象データが $O \times C$ である場合には，表現空間上の制約がなければ，質的データ $(C)$ の表現にも位置を利用するとよい. 並び順と位置を利用した $O \times C$ の表現規則を表14.1に示す. 図14.1は可視化例である. 2019年に発生した台風を発生順に左から並べており，上段の点は上陸した台風を表している.

表14.1　並び順と位置を利用した $O \times C$ の表現規則（整列系）

| 対象データ | $O \times C$ |
|---|---|
| 基本規則 | 項目 ⇒ 点<br>$O$ ⇒ 並び順<br>$C$ ⇒ 位置（並び順に直交する方向） |

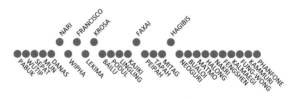

図14.1　並び順と位置を利用した $O \times C$ の可視化例（2019年に発生した台風）

[データの出典：気象庁ホームページ]

### 並び順と色相や彩度を利用した $O \to C$ の表現手法

　表現空間上の制約があり，質的データ $(C)$ の表現に位置が利用できない場合には，色相を利用するとよい．並び順と色相を利用した $O \to C$ の表現規則を表 14.2 に示す．図 14.2 は可視化例で，2019 年に発生した台風を発生順に左から並べており，青の点は上陸した台風を表している．ここでは，対象データを $O \to C$ としたが，10.5 節で紹介した手法などを利用することで，$O \times C$ を表すこともできる．

表 14.2　並び順と色相を利用した $O \to C$ の表現規則（整列系）

| 対象データ | $O \to C$ |
|---|---|
| 基本規則 | 項目 ⇒ 点<br>$O$ ⇒ 並び順<br>$C$ ⇒ 色相 |

図 14.2　並び順と色相を利用した $O \to C$ の可視化例（2019 年に発生した台風）
[データの出典：気象庁ホームページ]

### 棒グラフ（並び順と長さを利用した $O \to Q$ の表現手法）

　対象データが $O \to Q$ である場合には，量的データの表現に長さを利用するとよい．たとえば，棒グラフ（9.2 節参照）は一つの代表的な表現手法である．

## 系独立▶色を利用した順序データの表現

　対象データが $O \to X$ である場合に，$X$ を位置で表したいこともある．そのような順序データ $(O)$ の表現に位置が利用できない場合には，明度や彩度を利用するとよい．この手法は 8.3 節で紹介した手法と同じであり，$O \times X$ や $Q \times X$ の場合にも利用できる．ただし，彩度や明度では量的データ $(Q)$ の高い読み取り精度は期待できない．図 14.3 は明度を利用して時刻を表した例で，東京の週単位の降水量と平均気温（2019 年までの 30 年の平均）を表している．日ごとの降水量と気温の関係を表す散布図において，明度を利用することで 1 年間の順序（明るい色から暗い色に向かう）を表している．

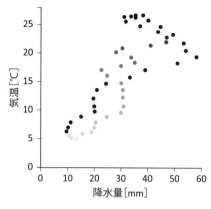

図14.3　色による時刻($O$)の表現例

[データの出典：気象庁ホームページ]

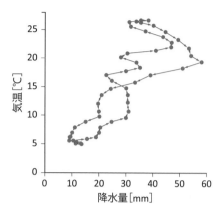

図14.4　連結による時刻($O$)の表現例

[データの出典：気象庁ホームページ]

### 連結系▶矢印を利用した順序データの表現

　時刻データとしての順序データを表現する際には，値よりも，相対的な順序関係（つまり，「つぎは何か？」）を重視することも多い．相対的な順序関係は明度や彩度よりも，矢印による連結のほうが読み取りやすいことがある．そこで，連結による順序データの表現（6.4節）を利用することができる．図14.4に$O \to (Q \times Q)$の可視化例を示す[†]．これは図14.3と同じ対象を表したものである．

## 14.3 線形性に着目した多変量時刻データの表現手法

　過去から未来へと後戻りなく進む時間の性質に着目し，時刻を線形のデータとして扱う場合には，水平方向右向きに時間軸を描き，位置で時刻を表すことが多い．

### 座標系▶時間軸のストリップチャート

　事象の発生時刻だけに興味がある場合，すなわち対象データが$T$である場合には，1次元量的データ($Q$)の可視化手法であるストリップチャート（8.1節参照）が利用できる．対象データが$T \times C$の場合には，拡張ストリップチャートを利用して，$C$を点の色相や明度で表すことで表現できる．

---

[†] 連結によって順序を表す表現手法の例としては，散布図によって降水量と気温の2変量を表し，各月を表す点を順に矢印でつないだハイサーグラフ（クライモグラフ）が有名である．

## 座標系▶タイムライン

**タイムライン**（timeline）は，時間軸上の区間を表す表現手法である．ストリップチャートの 2 変量データ $Q \times Q$ への拡張とみなすこともできる．ただし，2 変量を表す軸は 1 次元であり，二つの変量を表す 2 点を線でつなぐ．タイムラインの表現規則を表 14.3 に示す．ストリップチャートでは 1 直線上に点を配置するが，タイムラインでは 2 点をつなぐ線が重ならないように縦方向（時間軸と直交する方向）にずらして配置する．図 14.5 はタイムラインによる可視化例である．この図は，1 年間に発生した台風の発生から消滅までの期間を表している．

表 14.3 **タイムラインの表現規則（座標系）**

| 対象データ | $T_1 \times T_2$ |
|---|---|
| 基本規則 | 項目 ⇒ 横線<br>$T_1$ ⇒ 項目（横線）の左端の位置<br>$T_2$ ⇒ 項目（横線）の右端の位置 |
| 作図規則 | 直交座標系，座標軸を描く．<br>ストリップ・チャートの拡張（$Q \times Q$）． |
| 美的基準 | 項目を表す線が重ならないように縦方向にずらす． |

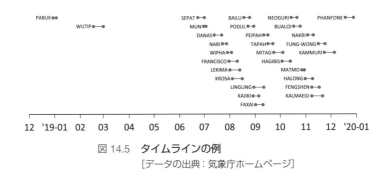

図 14.5 **タイムラインの例**
［データの出典：気象庁ホームページ］

## 14.4 ● 線形性に着目した時刻をキーとするデータの表現手法

時刻の線形性に着目する場合には，対象データが $T \to Q$ でも，水平方向右向きに時間軸を描き，位置で時刻を表すことが多い．

## 座標系▶棒グラフ

　対象データが $T{\to}Q$ であり，時刻が離散数値データである場合には，棒グラフ（9.2節参照）が利用できる．なお，時刻が連続的な値の場合でも，あらかじめ離散化することで棒グラフを利用できる．

## 座標系▶折れ線グラフ

　対象データが $T{\to}Q$ の場合には，**折れ線グラフ**（line chart）が利用できる．折れ線グラフの表現規則を表 14.4 に示す．項目を $T$ の値の順に線でつなぐことが，折れ線グラフの特徴である．同様のデータを散布図として描くこともできるが，時間変化の観察には，項目を線でつないだ折れ線グラフのほうが，時刻の順に点を追いやすい．図14.6 に折れ線グラフの例を示す．この例は 3 地点における 1 年間の気温変化（$T{\times}N{\to}Q^{\dagger}$）を表したものであり，$N$ の表現に黒，青，グレーの 3 色を利用している．

　折れ線グラフは，時刻データに限らず量的データをキーとする組（$Q{\to}Q$）の表現手法としても利用できる．ただし，折れ線の傾きからも量を読み取れるため，傾きに対応する値に意味がなければ誤解を与える危険性がある．そのため，質的データをキーとする組（$C{\to}Q$）の表現には適さない．

表 14.4　**折れ線グラフの表現規則（座標系）**

| 対象データ | $T{\to}Q$ |
|---|---|
| 基本規則 | 項目（⇒点）<br>$T$⇒横方向の位置<br>$Q$⇒縦方向の位置<br>項目を $T$ の順に線でつなぐ． |
| 作図規則 | 直交座標系，座標軸を描く． |

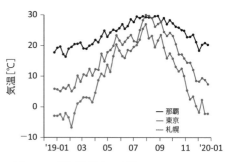

図 14.6　**折れ線グラフの例**
[データの出典：気象庁ホームページ]

## 座標系▶面グラフ

　**面グラフ**（area chart）とは，折れ線グラフの下側（あるいは上側）を塗り潰した表現手法である．面グラフの表現規則を表 14.5 に，面グラフによる可視化例を図 14.7 に

---

† $T{\to}Q_1{\times}\cdots{\times}Q_n$ と書くこともできる．この場合は $n{=}3$.

示す．面を塗り潰していることで，折れ線よりも視認性が高い．そのため，複数ビューに埋め込む場合など，小さい領域では折れ線グラフよりも面グラフのほうがデータの特徴をとらえやすい．対象データについては，折れ線グラフと同様の注意が必要である．さらに，面グラフでは面積からも値を読み取れることに注意すべきである．面積の意味を説明できないとしたら，ほかの表現手法を検討したほうがよい．

表 14.5　面グラフの表現規則（座標系）

| 対象データ | $T \rightarrow Q_s$ |
|---|---|
| 基本規則 | 項目（⇒点）<br>$T$ ⇒ 横方向の位置<br>$Q_s$ ⇒ 縦方向の位置<br>項目を $T$ の順に線でつなぐ． |
| 作図規則 | 直交座標系，座標軸を描く．<br>折れ線の片側を塗りつぶす． |

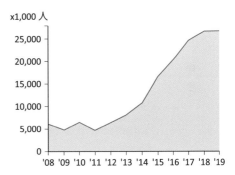

図 14.7　面グラフの例（2008〜2019 年のアジアからの訪日外国人数）
［データの出典：日本政府観光局（JNTO）］

## ● 座標系▶二色塗り分け擬似カラー

　二色塗り分け擬似カラー（two-tone pseudo coloring）は，縦線の塗り分け方で値を表す手法である[104]．二色塗り分け擬似カラーを用いたチャートの表現規則を表 14.6 に示す．図 14.8 のように 2 色の組み合わせと，塗り分ける位置で，量的データの値を表す．このように塗り分けた縦線を，横方向に並べることで，色の異なる面グラフを重ねたような表現が得られる．縦方向の領域を効率的に利用できるため，狭い領域でも，折れ線グラフや面グラフよりも値を正確に表現できる．図 14.9 は，二色塗り分け擬似カラーを用いて，つくば市の 1 年間の気温の変化を表したものである．

表 14.6　二色塗り分け擬似カラーを用いたチャートの表現規則（座標系）

| 対象データ | $T \rightarrow Q$ |
|---|---|
| 基本規則 | 項目（⇒線）<br>$T$ ⇒ 横方向の位置<br>$Q$ ⇒ 縦線の色相（2 色の組み合わせ） |
| 作図規則 | 直交座標系，座標軸を描く． |

図 14.8　**二色塗り分け擬似カラーにおける棒の塗り分け方の例**（カラー図版も参照）

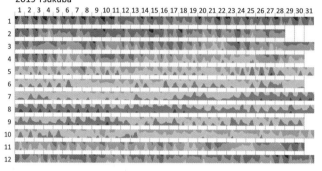

図 14.9　**二色塗り分け擬似カラーによるチャートの例**（カラー図版も参照）
［データの出典：気象庁ホームページ］

### 座標系▶Horizon グラフ

　時間を横軸にとった面グラフを縦方向にいくつかに分割し，面の彩度を変えて重ね合わせる，Horizon グラフというものがある[105]．二色塗り分け擬似カラーとは，発想および利用する色は異なるが，表現としては類似の手法である．

## 座標系▶積み上げ面グラフ

　積み上げ面グラフ（stacked area chart）は，図 14.10 に示す例のように複数の面グラフを積み上げたものである．対象データが $T \times C \to Q_s$ のときに利用できる．積み上げ面グラフの表現規則を表 14.7 に示す．積み上げ面グラフは面を積み上げることで複

表 14.7　**積み上げ面グラフの表現規則**（座標系）

| 対象データ | $T \times C \to Q_s$ |
|---|---|
| 基本規則 | 項目（⇒ 点）<br>$T \Rightarrow$ 横方向の位置<br>$C \Rightarrow$ 縦方向の並び順<br>$Q_s \Rightarrow$ 横軸あるいは下の点との間の長さ<br>項目を $T$ の順に線でつなぐ． |
| 作図規則 | 直交座標系，座標軸を描く．<br>折れ線より下を $C$ ごとに（異なる色で）塗り潰す． |

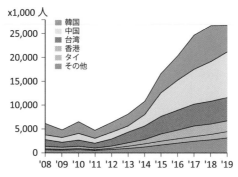

図 14.10　**積み上げ面グラフの例**（2008〜2019 年のアジアからの訪日外国人数）
[データの出典：日本政府観光局（JNTO）]

数の変量の和を読み取ることが可能になる．そのため，値の和に意味がないデータに使
用すると，誤解を生じる危険性がある．また，上に積まれた値の表現は下の値の変動の
影響を受ける．つまり，上下の順序によって印象が変わる．一般的には，変動の小さい
値，あるいは着目したい値を下に配置するとよい．

## 🌑 座標系▶Braided グラフ

　二つ以上の量的データの値に関して，時刻ごとの比較がしたい場合には，同じ座標系
で表現するほうが便利である．面グラフを同じ座標系上で重ねると，奥側の面グラフの
値が小さい部分は見えなくなる．**Braided グラフ**[†1] は複数の面グラフを同じ座標系上に
描くための工夫である[106]．Braided グラフの表現規則を表 14.8 に示す．Braided グラ

表 14.8　**Braided グラフの表現規則（座標系）**

| 対象データ | $T \times C \to Q_s$ |
|---|---|
| 基本規則 | 項目（⇒ 点）<br>$T \Rightarrow$ 横方向の位置<br>$C \Rightarrow$ 色相<br>$Q_s \Rightarrow$ 点の縦方向の位置<br>$Q_s$ を表す点を $T$ の順に線でつなぐ． |
| 作図規則 | 直交座標系，座標軸を描く．<br>折れ線より下を $C$ ごとに異なる色相で塗り潰す．ただし，$Q_s$ の小さい部分を前面とする． |

†1 Braid とは縄や紐などを「編む」という意味である．

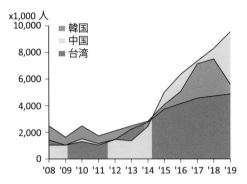

図 14.11　**Braided グラフの例**（2008〜2019 年のアジア 3 か国からの訪日外国人数）
　　　　　［データの出典：日本政府観光局（JNTO）］

フでは，値が小さい面グラフが前面になるように，区間ごとに重ねる順序を変える．図
14.11 は 3 系統のデータを Braided グラフで可視化した例で，3 か国からの訪日外国人
数の推移を表している．

## 14.5 ◐ 線形性に着目し連続性を強調した時刻データの表現手法

時刻データのもつ連続性のような性質を視覚的に表現するために，積み上げ面グラフ
の変形が提案された．

### ◐ 座標系▶ThemeRiver

ThemeRiver は積み上げ面グラフの変形で，上下が対称になるように配置するととも
に，変化を滑らかな曲線で表現したものである[107, 108]．ThemeRiver の表現規則を表
14.9 に，可視化例を図 14.12 にを示す．この例はアジア各国からの訪日外国人数の変
化を表したものである．国が色の帯で表され，帯の幅が時刻によって変化している．
ThemeRiver は，元々はニュース記事などの文書を対象にしたものであったが，このよ
うに多変量の時間変化の可視化に利用できる．

表 14.9　**ThemeRiver の表現規則**（座標系）

| 対象データ | $T \times C \to Q_s$ |
|---|---|
| 基本規則 | 積み上げ面グラフに準じる． |
| 作図規則 | 直交座標系，座標軸を描く．<br>上下を対称にするとともに，折れ線をなめらかな曲線に変換する． |

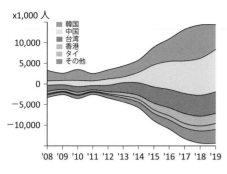

図 14.12　**ThemeRiver の例**（2008〜2019 年のア
　　　　　ジアからの訪日外国人数）
　　　　　［データの出典：日本政府観光局（JNTO）］

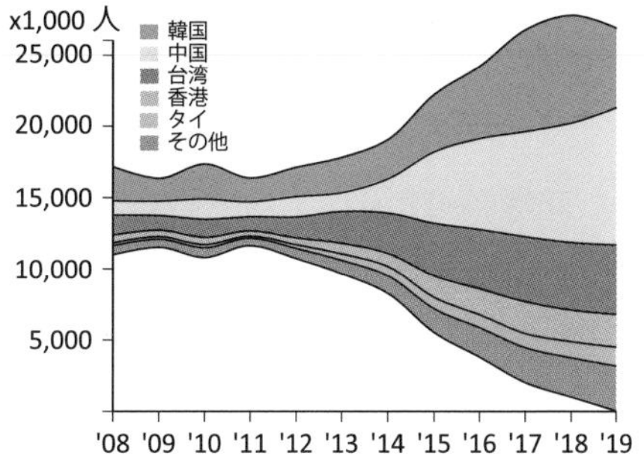

図 14.13　**Streamgraph の例**（2008〜2019 年のア
　　　　　ジアからの訪日外国人数）
　　　　　［データの出典：日本政府観光局（JNTO）］

### 座標系▶Streamgraph

　Streamgraph も積み上げ面グラフの変形で，ThemeRiver に似た表現であるが，小刻みな揺れを減らすことで，よりなめらかな流れを実現している[109]．そのため，上下を対称には配置しない．Streamgraph の表現規則を表 14.10 に，可視化例を図 14.13 に示す．

表 14.10　**Streamgraph の表現規則**（座標系）

| 対象データ | $T \times C \to Q_s$ |
|---|---|
| 基本規則 | 積み上げ面グラフに準じる． |
| 作図規則 | 直交座標系，座標軸を描く．<br>積み上げ面グラフに準じるが，上下に積み上げるとともに $C$ の各値に対応する系列を滑らかな曲線に変換する． |

## **14.6** 周期性に着目した時刻データの表現手法

　時刻を周期的なデータとして扱う場合には，時間軸の周期的な連続性を表すために，時間軸を円周状に配置することが多い．そのようにして作られた視覚的表現は，表現空間における座標系を，直交座標系から極座標系に変換したものと考えることができる．そのため，ここで紹介するもの以外でも，同様の変形を行うことで，周期的なデータの表現手法として利用できる．なお，ここで紹介する表現手法は，データが周期性を備えていることを前提としているが，周期性がないデータであっても，これらの手法で何ら

かの表現を得ることは可能である．そのため，そのような視覚的表現を根拠として，データに周期性があると主張することは間違いである．

## 座標系▶円周状1次元散布図

1次元散布図の座標軸を円周状に配置して時間軸とすることで，データの周期性を表現できる．円周状1次元散布図の表現規則を表14.11に，可視化例を図14.14に示す．この例は台風の発生日（2001年〜2019年）を可視化したものである．

表14.11 円周状1次元散布図の表現規則（座標系）

| 対象データ | $T$ |
|---|---|
| 基本規則 | 項目 ⇒ 点<br>$T$ ⇒ 偏角 |
| 作図規則 | 極座標系，時間軸を円周状に描く．<br>項目を表す点を時間軸上に配置する． |

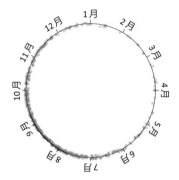

図14.14 円周状1次元散布図の例
[データの出典：気象庁ホームページ]

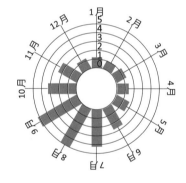

図14.15 放射状棒グラフの例
[データの出典：気象庁ホームページ]

## 座標系▶放射状棒グラフ

放射状棒グラフ（radial column chart）は，棒を放射状に配置した棒グラフである．放射状棒グラフの表現規則を表14.12に示す．棒グラフの基盤となる座標系が直交座標系であるのに対して，放射状棒グラフの基盤は極座標系である．図14.15に放射状棒グラフの例を示す．この例は台風の月ごとの平均発生頻度（2010年〜2019年）を可視化したものである．

表 14.12　放射状棒グラフの表現規則（座標系）

| 対象データ | $D \rightarrow Q$ |
| --- | --- |
| 基本規則 | 項目 ⇒ 長方形（棒）<br>$D$ ⇒ 偏角<br>$Q$ ⇒ 長方形の高さ（棒の長さ） |
| 作図規則 | 極座標系，座標軸を描く．<br>棒の端を原点あるいは同心円上に揃える． |

## 座標系▶ChronoView

ChronoView は，大量の時刻データ $(T_1, ..., T_n)$ を一覧するために開発された可視化手法である[110]．時刻の集合$(T_i)$を表現平面上の 1 点に集約し，位置により平均的な時刻と時刻のばらつきを表す．ChronoView の表現規則を表 14.13 に示す．これは $T$ の表現規則を表しているが，実際にはこの表現規則は $n$ 個の $T$ に適用され，ChronoView は $n$ が数百程度でも表すことができる．図 14.16 は ChronoView の配置規則を説明した図である．時刻のばらつきが少ない場合には点が円周近くに配置されるが，ばらつき

表 14.13　ChronoView の表現規則（座標系）

| 対象データ | $T$ |
| --- | --- |
| 基本規則 | 項目全体 ⇒ 点<br>項目全体の平均的な時刻 ⇒ 偏角<br>項目全体の時刻のばらつき ⇒ 動径 |
| 作図規則 | 極座標系，表現平面上に円を想定し，円周上に時間軸を配置する．<br>項目を時間軸上に配置する（非表示）．<br>全項目の位置の重心を項目全体の位置とする． |

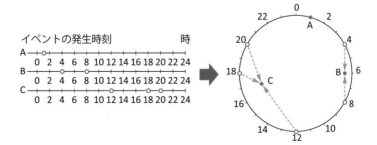

図 14.16　ChronoView の配置規則

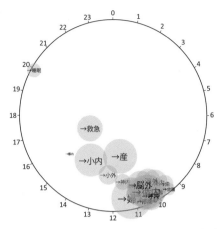

図 14.17　ChronoView による可視化例[111]

が大きい場合には円の中心付近に配置される．図 14.17 は，24 時間周期の ChronoView の例で，ある病院における患者の入院時刻を診療グループ別に集計して表したものである．点の面積は患者数を表す．たとえば，多くの診療グループの入院が 10 時前後に集中しているのに対して，救急，産科，小児内科（小内）などは特定の時刻に集中していないことがわかる．ChronoView は多変量量的データの表現手法である RadViz（8.6 節）に似た手法であるが，連続的な時刻データを対象にしているため，RadViz のように次元の順序を変えることはできない．

## 14.7 ● 線形性と周期性の両方に着目した時刻データの表現手法

　線形性と周期性の両方に着目する場合に用いられる手法を紹介する．ここで紹介する手法は，周期性の有無の判断にも利用できる．

### ● 座標系▶スパイラルチャート

　線形性と周期性の両方を同時に表現する手法の一つとして，時間軸を螺旋状に配置する方法がある．**スパイラルチャート**（spiral chart）は，時間軸を螺旋状に配置したストリップチャートである[112]．図 14.18 にスパイラルチャートの例を示す．この例は，台風の月ごとの発生頻度（2010 年〜2019 年）を可視化したものである．螺旋の 1 周が 12 か月に対応している．このように，着目したい周期を螺旋の 1 周に対応付けることで，データのもつ周期性が放射状に出現する．

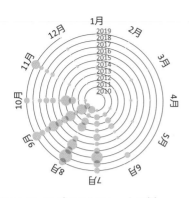

図 14.18　スパイラルチャートの例
[データの出典：気象庁ホームページ]

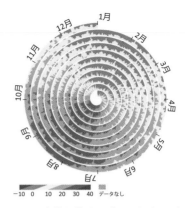

図 14.19　二色塗り分けスパイラルチャートの
例（カラー図版も参照）
[データの出典：気象庁ホームページ]

### 二色塗り分けスパイラルチャート

　**二色塗り分けスパイラルチャート**（two-tone spiral display）は，二色塗り分け擬似カラー（14.4 節）をスパイラルチャートに応用したものである[113]．図 14.19 は二色塗り分けスパイラルチャートの例である．この例はつくば市の日ごとの気温を 1 年周期で 10 年分表したものである．

## 整列系▶タイルマップ（カレンダー表現）

　**タイルマップ**（9.3 節参照）の 1 列（あるいは 1 行）を周期に対応付けることで，時刻データの周期性を表すことができる．時刻データを対象としたタイルマップの表現規則を表 14.14 に，可視化例を図 14.20 に示す．この図は，2017 年の電力使用量を表したものである．一つの正方形のタイルが 1 日分のデータを表しており，1 列が 1 週間分のデータを表す．上から，日曜日，月曜日，火曜日のデータが並び，一番下が土曜日のデータを表す．横方向の約 50 列で 1 年分のデータを表している．行と列を入れ替えてもよい．七つのタイルを横方向に並べると，日常的に見掛けるカレンダーと同じ配置になる．

表 14.14　時刻データを対象としたタイルマップの表現規則（整列系）

| 対象データ | $T \to Q$ |
|---|---|
| 基本規則 | 項目 ⇒ 長方形<br>$T$ ⇒ 行と列の位置<br>$Q$ ⇒ 色 |
| 作図規則 | $T$ の周期に着目して，1周期を1列に割り当てる． |

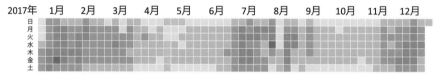

図 14.20　**周期性を表すタイルマップの例**［データの出典：東京電力ホールディングス株式会社］

## 🌀 演習課題

**14.1**　折れ線グラフの対象データと表現規則を書きなさい．

**14.2**　折れ線グラフを $N \to Q$ のように表されるデータの表現に利用することは適当ではない．その理由を説明しなさい．

**14.3**　いくつかの地点（都市）の気温の変化を表すために積み上げ面グラフを利用することは適切ではない．その理由を説明しなさい．

**14.4**　時刻データは線形性と周期性を備えている．そのうち，周期性を表現するために利用される視覚的表現について説明しなさい．

**14.5**　ある事象の発生回数を，10年間にわたり月ごとに集計して，放射状棒グラフで可視化したところ，図 14.15 のようになったとしよう．この結果をもとにこの事象に同期性があるといってよいかどうか検討しなさい．

# 動的データの表現手法

ネットワーク，階層構造，地理データなどはそれぞれ構造的なデータであるが，そのような構造自体が時間とともに変化するようなデータも多い．本章で対象とする動的データとは，そのような構造自体が時間とともに変化するようなデータである．動的データは時刻データ（第 14 章参照）の一種とみなすこともできるが，主として表現したい対象に違いがある．時刻データを主たる対象として表現する場合には，時刻データの表現のために表現空間を自由に使用できる．その一方で，ある別のデータに付随するデータとして時刻データを表現する場合には，主たるデータが利用する表現空間の残りで，時刻データを表さなければならないという難しさがある．

## 15.1 🍡 動的データとその基本的な表現

動的データは，一般的には $T \rightarrow U$ のように表せる．ここでは，$U$ の視覚的表現に 2 次元以上の表現空間を利用したいような場合に焦点を合わせる．これまでの章で説明したように，ネットワーク，階層データ，地理データなどは，その視覚的表現に 2 次元（以上）の表現空間を利用することが多い．そのような 2 次元表現空間を使用するデータについて，さらに時間による変化を表現するためには，データの時間次元の表現に工夫が必要である．おもな手法は以下のように分類できる．

- アニメーション
- 複数ビュー（スモールマルチプル）
- 2.5 次元表現
- 1.5 次元表現
- 時間次元の埋め込み

## 15.2 🌑 アニメーションの利用

**アニメーション**は，データの時間を表現空間の時間軸に対応付けるものである．ただし，データの1年間を1分間のアニメーションで見せるなど，時間軸のスケールはデータや目的に応じて設定する．アニメーションによって動的データを表すための表現規則を表15.1に示す．たとえば，2変量量的データ $Q \times Q$ の表現には散布図が適している．そのため，$T \to [Q \times Q]$ のようなデータは $Q \times Q$ を散布図で表現し，それをアニメーションで変化させることで表現できる．

表15.1　アニメーションによる動的データの表現規則

| 対象データ | $T \to U$ |
|---|---|
| 基本規則 | $U$ の表現に準じる．<br>$T$ を表現空間の時間軸で表す． |
| 作図規則 | $U$ の表現に準じる． |

アニメーションによって時間を表現する方法は，時間変化の表現としては直感的でわかりやすいという特長がある．しかしながら，表現空間内の2箇所以上の変化を同時に把握することや，2時点間の変化を比較することなどは容易でない．その対策としては，一時停止や巻き戻しのような対話的な操作が用いられる．

## 15.3 🌑 複数ビューの利用

対象データが $T \to U$（ただし $T$ は離散数値データ）あるいは $O \to U$ の場合には，各時刻に対応する2次元表現を複数ビューあるいはスモールマルチプルにより平面上に配置することで，動的データを表現できる．横一列あるいは縦一列に配置する場合もあれば，表示領域に合わせて複数行複数列に配置する場合もある．複数ビューを利用して動的データを表すための表現規則を表15.2に示す．

各時刻の2次元表現を複数ビューで並べただけでは，前後する時刻における変化を読み手が発見する必要がある．このことは，ときには類似した二つの図の違いを見つける間違い探しクイズのようであり，変化の可視化としてはあまり効率的ではない．そのため，差分をハイライトするなどの工夫が必要となる．

表 15.2 複数ビューによる動的データの表現規則（整列系）

| 対象データ | $T \to U$（$T$は離散）または $O \to U$ |
|---|---|
| 加工データ | $U_1, U_2, ..., U_n$ |
| 基本規則 | $U$ の表現に準じる.<br>$i$（$i=1, ..., n$）⇒ 整列系の位置 |
| 作図規則 | $U_i$ を複数ビューの各項目として配置する. |
| 変形・拡張 | 差分を表す表現を加える. |

## 🟢 整列系＋整列系▸タイルマップの複数ビュー

タイル・マップを複数ビューで配置することで，時間変化する多変量データや時刻データを表すことができる．図 15.1(a)はタイルマップの複数ビューの例である．図 14.20(p.188)に示したタイルマップは，2017 年の 1 年間の電力使用量を表したものであるが，この図は 2017 年から 2019 年までの 3 年間の変化を複数ビューを利用して表している．

## 🟢 整列系＋座標系▸散布図の複数ビュー

散布図を複数ビューで配置することで，時間変化する多変量データを表すことができる．図 15.1(b)は散布図の拡張であるハイサーグラフの複数ビューの例である．図中に配置されたハイサーグラフは，いずれも東京の月ごとの平均気温と降水量を線で順次つないだもので，2014 年から 2019 年までの 6 年間の気象の変化を表している．

## 🟢 整列系＋連結系▸連結図の複数ビュー

連結図を複数ビューで配置することで，時間変化するネットワークを表すことができる．図 15.1(c)は連結図の複数ビューの例である．図中に配置された連結図は，それぞれある時期におけるウェブのリンク構造を表しており，複数ビューを利用することでウェブのリンク構造が変化した様子を表している．この例では隣接する時刻間の差をわかりやすくするために，追加されたノードやエッジを赤でハイライトし，逆に消滅するノードやエッジは薄い色で表している．

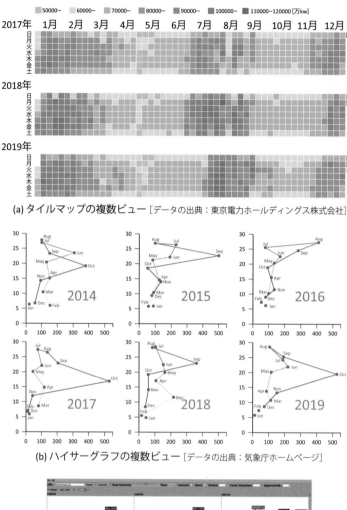

(a) タイルマップの複数ビュー［データの出典：東京電力ホールディングス株式会社］

(b) ハイサーグラフの複数ビュー［データの出典：気象庁ホームページ］

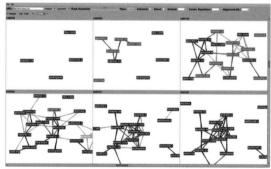

(c) 連結図の複数ビュー[114]［提供：豊田正史（東京大学）］

図 15.1　複数ビューによる動的データの可視化例（(c)はカラー図版も参照）

## **15.4** 🌑 2.5 次元表現の利用

複数の 2 次元表現を第 3 の座標軸（$z$ 座標）上に重ねるように配置する表現手法を，**2.5 次元表現**（**2.5D 表現**）とよぶ．表現空間としては 3 次元空間を利用するが，3 次元の自由度はないため「2.5 次元」とよばれる．時刻ごとに 2 次元表現を用意して，それらを重ねるように配置することで，動的なデータを表現できる．表 15.3 は，2.5 次元表現の表現規則をまとめたものである．

表 15.3 2.5 次元表現による動的データの表現規則（座標系）

| 対象データ | $T{\to}U$ または $O{\to}U$ |
|---|---|
| 基本規則 | $U$ の表現（2 次元）に準じる．<br>$T \Rightarrow z$ 座標 |
| 作図規則 | $U$ の表現に準じる．$T$ に対する $z$ 座標軸を描く． |

複数ビュー（15.3 節参照）が時刻ごとの 2 次元表現を表形式で配置したのに対して，2.5 次元表現はそれらを 3 次元空間で重ねたものとみなせる．2.5 次元表現では，複数ビューとは異なり，$z$ 軸を連続的に描くことができる．そのため，必ずしも時刻を離散データとして扱わなくてもよい．ただし，2 次元表現を連続的に配置すると，2 次元平面上の視覚的な表現が見えなくなるため，表示自体は離散的にしたり，インタラクションにより $z$ 座標を移動させたりするなどの工夫が必要となる．2.5 次元表現は，2 次元表現間の対応関係を複数ビューよりも表しやすい．ただし，表現空間としては 3 次元空間を利用するため，隠蔽の問題（手前のものが後ろを隠す）など，3 次元の弱点も抱えている．

### 🌑 座標系＋座標系▶2.5 次元散布図

散布図を 2.5 次元表現で積み重ねることで，時間変化する多変量データを表すことができる．図 15.2(a) は，図 15.1(b) に示した東京の 2014 年から 2019 年までの 6 年間のハイサーグラフを，2.5 次元表示した例である．

### 🌑 座標系＋連結系▶2.5 次元連結図

連結図を 2.5 次元表現で積み重ねることで，時間変化するネットワークを表すことができる．図 15.2(b) は 2.5 次元連結図の例である．図 15.2(b) に示したシステムでは，

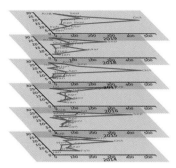

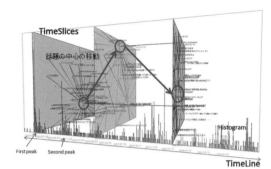

**(a) 2.5 次元ハイサーグラフ**
［データの出典：気象庁ホームページ］

**(b) 2.5 次元連結図**[115]
［提供：伊藤正彦（北海道情報大学）］

図 15.2　2.5 次元表現の例

各時点のグラフを常時表示するのではなく，読み手によって選択された時点のグラフだけが表示される仕組みになっている．この例では，時間軸には各時点におけるグラフの特徴量を示す棒グラフが添えられており，読み手はこれを参考に連結図を表示する時点を選択する．

## 15.5 ● 1.5 次元表現の利用

　動的データの表現手法の多くは，ある時点の表現に 2 次元空間を使用するようなデータに対して，さらに時間次元を表現するための工夫がなされたものといえる．1.5 次元表現は，それとは逆の発想で，ある時点の表現を 1 次元に圧縮することで，時間軸を 2 次元平面上に確保する手法である．その手法は，時点ごとにそれに対応する細長い（準 1 次元）表現を用意して，それと直交する時間軸上に配置する．表現空間としては 2 次元平面を使用するが，一般的に 2 次元の自由度はないため **1.5 次元表現**（**1.5D 表現**）とよぶ．表 15.4 は，1.5 次元表現の表現規則をまとめたものである．

　細長い表現を並べた複数ビューとみなすこともできる．そのため，$O \to U$ の表現も可

表 15.4　1.5 次元表現による動的データの表現規則（整列系）

| 対象データ | $T \to U$（$T$ は離散）または $O \to U$ |
|---|---|
| 加工データ | $U_1, U_2, ..., U_n$ |
| 基本規則 | $U$ の表現（準 1 次元）に準じる.<br>$i$（$=1, ..., n$）⇒ 並び順 |
| 作図規則 | $U$ の表現に準じる. |

能である．表現空間としては 2 次元平面を利用するため，2.5 次元表現よりも観察が容易である．たとえば，各時点の表現が 1 次元的に表されているため，時点間の対応が読み取りやすい．ただし，各時点のデータを 1 次元的な細長い領域に描く必要があるため，その表現に工夫が必要である．

## ● 整列系＋座標系▶TMDS

**多次元尺度構成法**（multi dimensional scaling; MDS）は，与えられた項目間の類似性を，項目間の距離に反映させるように，項目を低次元空間に配置する手法である．可視化のためには 2 次元平面に配置することが多いが，ストリップチャートのように 1 次元に配置することも可能である．**TMDS**（Temporal MDS）は，対象となる項目を単位時間で区切って 1 次元上に配置し，さらにそれと直交する方向に時間の経過に沿って並べることで，1.5 次元表現にしたものである[116]．図 15.3 は TMDS の計算処理の流れを示している．この図に示すように，単位時間に区切る際に，「ウィンドウ」とよばれる区間を重ねながらずらすことで，前の時刻の配置との連続性を保つなどの工夫が行われる．図 15.4 は TMDS による可視化例である．

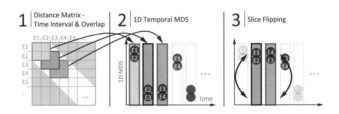

図 15.3　**TMDS の計算処理**
[出典：文献［116］．© 2015 IEEE]

図 15.4　**TMDS による可視化例**（カラー図版も参照）
[出典：文献［116］．© 2015 IEEE]

## 整列系＋整列系▶パラレルタグクラウド

　ワードクラウド（9.2 節参照）では，単語は見掛け上 2 次元的に配置されている．これは表現空間を効率的に使うためであって，論理的には辞書式順序に従って 1 次元的に並べられている．したがって，ワードクラウドにおいて 1 次元的な配置はむしろ自然な配置といえる．**パラレルタグクラウド**（parallel tag clouds）[117] は，ワードクラウドを 1 次元的に表現した 1.5 次元表現である．図 15.5 はパラレルタグクラウドの例である．パラレルタグクラウドでは，単に複数のワードクラウドを並べているだけではなく，隣接するワードクラウド内の同じ文字列をリボン（幅のある線）でつなぐことで，つぎの時点での位置を把握しやすくしている．さらには，リボンをすべて描くのではなく，中間を省略することで，つぎの位置を探す手がかりを与えつつも，視覚的混雑を増さない工夫をしている†．なお，日本語のような縦書きも可能な言語であれば，縦横を入れ替えることも可能である．

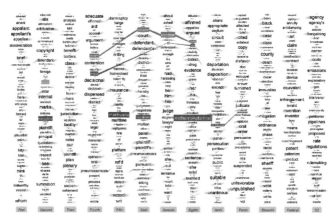

図 15.5　パラレルタグクラウドの例
[提供：Christopher Collins, Ontario Tech University]

## 整列系 + 連結系▶parallel edge splatting

　グラフは 2 次元平面を使って表現したいデータの代表ともいえるが，1 次元的に表現するために edge splatting と名付けられた手法が提案されている[118]．edge splatting では，図 15.6(a) のような有向グラフのノードを，図 15.6(b) のように縦方向の 2 列に

---

† 全体を連結図だと考えると，11.3 節で紹介した PED の一種とみなせる．

並べる．このとき，ノードは二つの列で同じ順に並べられる．そして，有向エッジは左の列のノードから右の列のノードに向けて描かれる．parallel edge splatting は，このようにして縦方向に並べられたグラフの列を，図 15.6(c) のように横方向の時間軸に沿って並べることで，動的に変化するグラフを表す．図 15.7 は parallel edge splatting による可視化例である．

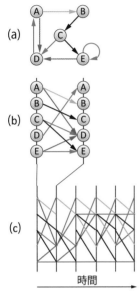

図 15.6　edge splatting の説明図
[出典：文献 [118]. © 2011 IEEE]

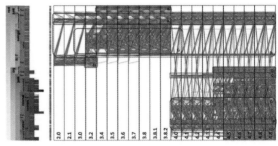

図 15.7　parallel edge splatting の例（カラー図版も参照）
[出典：文献 [118]. © 2011 IEEE]

## 15.6 ⬤ 時間次元の埋め込み

　全国各地のある時点の気温は，地図上の拡張散布図を用いることで表現できる（13.3 節参照）．つまり，全国各地の気温は，2 次元表現空間を使用するデータといえる．このようなデータの時間による変化，つまり全国各地の気温変化は，たとえば各地の気温変化を表す小さな折れ線グラフを地図上に配置することで表現できる．時間次元の埋め込みとは，このように大局的な時間変化（「全国各地の気温」の変化）を，局所的な時間変化（全国「各地の気温の変化」）へと変換して，表現する手法である．表 15.5 は時間次元の埋め込みの表現規則を表している．

　時間次元の埋め込みでは，対象データは $T \rightarrow [X \rightarrow Q]$ であるが，それを $X \rightarrow [T \rightarrow Q]$ へと変換してから可視化する．$X$ を「$T \rightarrow$」の左側に移動させたということは，$X$ 自

表 15.5　時間次元の埋め込みによる動的データの表現規則

| 対象データ | $T \rightarrow [X \rightarrow Q]$ |
|---|---|
| 加工データ | $X \rightarrow [T \rightarrow Q]$ |
| 基本規則 | $X$ の表現および $T \rightarrow Q$ の表現に準じる.<br>$X$ の表現に $T \rightarrow Q$ の表現を埋め込む. |

体は時間変化しないということである. たとえば, 各地の気温変化を地図上に配置する場合には, 地図自体は変化しないことを前提としている. 変化する場合には, ある時点の $X$ の表現に埋め込むことになる. そのため, $X$ の視覚的表現が時間とともに大きく変化するようなデータであり, その変化に関心がある場合には, 時間次元の埋め込みは適さない.

　$X$ の 2 次元表現への時間次元の埋め込み方には, 2 次元表現空間内で埋め込む手法と, 3 次元表現空間に拡張して埋め込む手法がある. 2 次元表現空間内で埋め込めれば, 表現空間の次元が増えないため, 読みやすさへの影響は少ない. 3 次元表現空間へと拡張すれば, $X$ の 2 次元表現に大きく影響を与えずに, 時間次元を埋め込むことができる. ただし, 3 次元空間を扱う際の注意が必要となる.

## 座標系＋座標系▶地図への棒グラフの埋め込み

　2 次元平面上に描かれた地図の中に, 棒グラフを埋め込むものである. 埋め込まれる棒グラフはさまざまな場所に配置されるとともに, 小さい領域しか利用できないため, 位置による値の表現だけでは, 読み取りにくい場合がある. 図 15.8(a)に示した例では, 棒グラフにおける時刻の表現に, 位置だけでなく色相も用いている. 地図に埋め込むチャートは, グリフのように小さい領域で効果的に表現できる表現手法がよい.

## 整列系＋座標系▶ワードクラウドへの埋め込み

　ワードクラウド（9.2 節参照）では現在の単語の使用頻度が文字の大きさや色などで表現されているが, 現在に至るまでの頻度の変化は表現されない. 図 15.8(b)に示した**スパーククラウド**（SparkClouds）は, ワードクラウドの各単語の下に頻度の変化を示した小さい折れ線グラフ, **スパークライン**（SparkLine）[119] を配置したものである[120]. これにより個々の単語の時間変化がわかる. ワードクラウドは時間とともに変化するため, 表 15.5 における $X$ の表現が時間とともに変化することになる. そのため, スパー

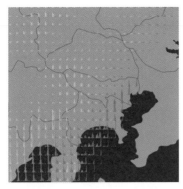

(a) 地図への棒グラフの埋め込み
[提供：兵吾勇貴]

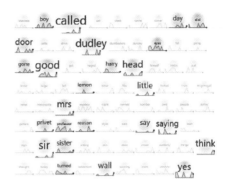

(b) スパーククラウド [出典：文献[120]. © 2010 IEEE]

(c) あまつぶ手法 [提供：兵吾勇貴]

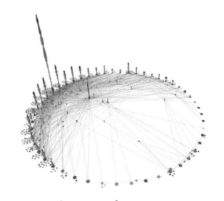

(d) タワーマップ [提供：伊藤隆朗]

図 15.8　時間次元の埋め込みの例（カラー図版も参照）

ククラウドでは最後の $X$ の表現に折れ線グラフを埋め込んでいる．なお，スパークク
ラウドでは，単語とスパークラインの背景を薄く塗ることで，単語とスパークラインが
一体となって見えるように工夫している．

## 座標系▶離散化した地図への埋め込み

**あまつぶ手法**は，時間変化する各地の降水量のような，動的な地理データを対象とす
る[121]．このようなデータは，まずデータ全体を時間軸で分割し，分割されたそれぞれ
の時点を表す図を複数ビューで配置することで可視化できる．たとえば，各時点での「各
地の降水量」を計量記号図で表し，それらを複数ビューで配置するというものである．

あまつぶ手法ではそれとは異なる観点でデータを分割する．まず格子状に地図を分割し，分割されたそれぞれの格子領域における値の時間変化を小さいチャートや図形で表して，それらを格子状に配置する．つまり，格子状に地図を離散化し，各格子に対応するデータの表現を埋め込んでいる．データの分割の仕方の異なる複数ビュー（スモールマルチプル）とみなすこともできる．あまつぶ手法では，格子領域における値の時間変化を，円の色相と大きさで表している．図15.9はあまつぶ手法の可視化処理の流れを説明したものである．図15.8(c)に，あまつぶ手法による可視化例を示す．降水地域（雨雲）の動き方によっては，あまつぶ手法のほうがアニメーションよりも正確に把握できる．

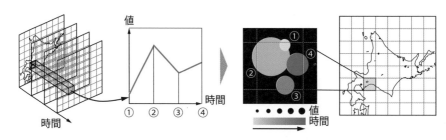

図 15.9　**あまつぶ手法の可視化処理の流れ**[121] [提供：千葉大輝]

## 🌑 連結系＋座標系▶3 次元に拡張した表現空間への埋め込み

　3 次元表現空間へと拡張すれば，$X$ の 2 次元表現に影響を与えずに，時間次元を埋め込むことができる．対象データが時間とともに変化する重み付きグラフである場合，グラフの構造的な変化に加えて，重みの変化に着目したいことも多い．ノードに重みが付随する重み付きグラフ†は，各ノードが重み($Q$)をもっている．このことは名義データであるノードをキーとする組 $N{\to}Q$ として表すことができる．時間次元の埋め込みのために，対象データを変換して，各ノード($N$)が時間変化する重み($T{\to}Q$)をもつようなデータに変えている．

　図 15.8(d)は，タワーマップと名付けられた表現手法で，連結図を 3 次元表現空間へと拡張し，重みの時間変化を表すチャートを埋め込んだものである[122]．この例は，ウェブページと訪問者の関係を，2 部グラフの表現手法であるアンカーマップで表し，その表現平面と直交する時間軸を利用して，アクセス頻度や時間帯を表している．

---

† 重み付きグラフはエッジに重みが付随するグラフを指すことが多いが，ここではノードに重みが付随するような重み付きグラフを対象としている．

| Column | 比較のための可視化 |
|---|---|

　二つの構造的なデータを比較したい場面も少なくない．西洋と東洋の文化的な構造の比較や，二つの材料の特性の比較など、さまざまな場面が考えられる．Gleicher らは比較のための可視化を，図 15.10 に示すような三つの基本形，(a)**並置**（juxtaposition），(b)**重ね合わせ**（superposition），(c)**明示的提示**（explicit encoding）に分類している[123]．並置は比較対象を左右や上下に並べるものである．重ね合わせは比較対象を少しずらして重ねるものである．これらは日常生活においても行う操作であろう．明示的提示は「差」そのものを可視化しようというものである．見たい「差」によって可視化手法が選ばれることになる．

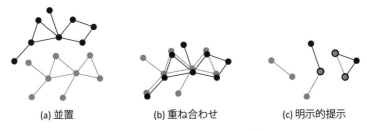

(a) 並置　　　　　　(b) 重ね合わせ　　　　　(c) 明示的提示

図 15.10　**比較のための可視化の例**

　これらを組み合わせることで，さらにさまざまな手法を構成できる．たとえば，重ね合わせであってもどちらを上にするかによって見え方に違いがあるので，上下を入れ替えたものを並置するという方法（重ね合わせと並置の融合）が考えられる．

　二つのものの比較は，時点が二つだけの動的データとみなすこともできる．図 15.10(a)は複数ビューであり，図 15.10(b)は 2.5 次元表現とみなすこともできる．図 15.10(c)のような工夫も動的データの可視化においても行われている．たとえば，図 15.1(c)で紹介した，時間変化するネットワークの可視化で，追加されたものを赤で，消滅するものを薄い色で表しているのは，差の明示的な提示である．

## 演習課題

**15.1**　本書において $T \rightarrow [Q \times Q]$ のように表されるデータの具体例を挙げなさい．

**15.2**　動的データの表現手法のうち，アニメーションの利点と欠点を説明しなさい．

**15.3**　動的データの表現手法のうち，複数ビューと 2.5 次元表現の類似点と相違点を説明しなさい．

**15.4** 2.5 次元表現は，場合によっては間違い探しクイズのようになるため，変化の表現としては効率的でない．そのような問題への対策を検討しなさい．

**15.5** 時間次元の埋め込みは，$T \rightarrow [X \rightarrow Q]$ のように表されるデータを，$X \rightarrow [T \rightarrow Q]$ のように表されるデータへと加工してから適用する．そのため，対象データの $X$ の性質に制約がある．その制約について説明しなさい．

# あとがき

　この本を書くにあたりやりたかったことは，人間の視覚特性，対象データ，視覚的な表現手法を，うまくつないで整理することである．まだ必ずしもうまく整理されていないが，完璧さだけでなく，本書の内容が読者に早く届くことも重要という言葉に後押しされて，出版をお願いすることにした．図 A.1[†1] や図 A.2[†2] のようなチャートがどのような効果を与えているか，あるいはそもそも視覚的表現として役立っているか考えて欲しい．これらのチャートの善し悪しを議論するためにも，人間の視覚特性，対象データ，視覚的な表現手法をつなぐ理解が重要であろう．

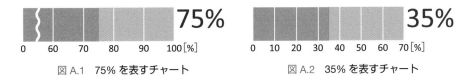

図 A.1　75% を表すチャート　　　　　　図 A.2　35% を表すチャート

　表現系（座標系，整列系，連結系，領域系）は，自然言語でいうところの語族のようなものである．いわゆるチャートはその種類だけ文法（表現規則）があるため，それらを少しでもグループにまとめることができれば，理解が容易になるとともに，拡張や融合などの議論がしやすくなると思われる．本書で説明している表現系については，出原らの文献[3]に強く影響を受けつつも，多少の改変を行った．多少の改変であっても紆余曲折を経てのもので，すんなりとこのような形になったわけではない．今後の議論のために判断に迷ったものを少し紹介しておこう．たとえば，棒グラフ（9.2 節）は座標系だろうか，整列系だろうか？　対象データが $Z \to Q$ の場合には座標系で異論はないであろう．対象データが $C \to Q$ の場合には $C$ を表す並びは整列系のようにも見える．ただし，$C$ の表現としては配置の規則性よりもラベル付けに頼るところが大きいことから，整列系としての性質は希薄であると考えた．また，氷柱ダイアグラム（12.4 節）は領域系だろうか，整列系だろうか？　長方形はノードを表すが，領域としての意味はない．つまり領域系ではない．（水平階層としたときの）横の並びは兄弟であるが，親

---

†1 2011 年の震災直後に，日々の電力需要予測としてこのようなチャートがテレビで放映されていた．
†2 選挙の開票速報番組などでこのようなチャートを見かける．

子を上下に配置した結果であり，並び順に積極的な意味はない．つまり，整列系とも考えにくい．そうすると，連結系の特殊な形態と考えるのが妥当であろう．そのために，連結系が連結の要因（ゲシュタルトの法則）を基礎とするという要件を少し緩めざるを得なかった．

視覚的表現の名称などは，初出の部分に英語名を併記した．日本語があまり定着していないと思われるものについては，カナ書きにせずアルファベット表記とした．ただし，〜graph，〜chart の部分は，「Horizon グラフ」のようにカナ書き（グラフ，チャート）としたものもある．可視化に関する用語や視覚的表現の名称などは，用語のバリエーションが多い．残念ながら，それらを十分にカバーすることはできなかった．用語のバリエーションに興味のある読者には Munzner の本[2]をお勧めする．

# 参考文献

[1] M. O. Ward, G. Grinstein, and D. Keim, Interactive data visualization: foundations, techniques, and applications. A K Peters, Ltd., 2010.

[2] T. Munzner, Visualization Analysis & Design. CRC Press, 2014.

[3] 出原栄一，吉田武夫，渥美浩章，図の体系 - 図的思考とその表現．日科技連，1986.

[4] 杉山公造，グラフ自動描画法とその応用，計測自動制御学会，1993.

[5] C. Ware, Information Visualization: Perception for Design. Morgan Kaufmann, 2nd ed., 2004.

[6] S. Few, Show Me the Numbers: Designing Tables and Graphs to Enlighten. Analytics Press, 2004.

[7] S. K. Card, J. D. Mackinlay, and B. Shneiderman, eds., Readings in Information Visualization: Using Vision to Think. Morgan Kaufmann Publishers Inc., 1999.

[8] F. J. Anscombe, "Graphs in statistical analysis," The American Statistician, vol. 27, no. 1, pp. 17-21, 1973.

[9] リチャード S. ワーマン，それは「情報」ではない．エムディエヌコーポレーション，2001.

[10] B. Shneiderman, "The eyes have it: A task by data type taxonomy for information visualizations," in Proceedings of IEEE Symposium on Visual Languages, pp. 336-343, 1996.

[11] D. A. Keim, F. Mansmann, J. Schneidewind, and H. Ziegler, "Challenges in visual data analysis," in Proceedings of Tenth International Conference on Information Visualisation (IV'06), pp. 9-16, 2006.

[12] 篠田博之，藤枝一郎，色彩工学入門 - 定量的な色の理解と活用 -，森北出版，2007.

[13] S. Few, Show Me the Numbers: Designing Tables and Graphs to Enlighten. Analytics Press, 2nd ed., 2012.

[14] S. S. Stevens, "On the theory of scales of measurement," Science, vol. 103, no. 2684, pp.677-680, 1946.

[15] J. Bertin, Semiology of Graphics: Diagrams, Networks, Maps. ESRI Press, 2010.

[16] L. Halik, "The analysis of visual variables for use in the cartographic design of point symbols for mobile augmented reality applications," Geodesy and Cartography, vol. 61, no. 1, pp. 19-30, 2012.

[17] C. Ware, Information Visualization: Perception for Design. Morgan Kaufmann, 3rd ed., 2012.

[18] K. B. Schloss, C. C. Gramazio, A. T. Silverman, M. L. Parker, and A. S. Wang, "Mapping color to meaning in colormap data visualizations," IEEE Transactions on Visualization and Computer Graphics, vol. 25, pp. 810-819, 2019.

[19] M. S. T. Carpendale, "Considering visual variables as a basis for information visualisation," Research report 2001-693-16, Department of Computer Science, University of Calgary, Calgary, AB, Canada, 2003.

[20] W. S. Cleveland and R. McGill, "Graphical perception: Theory, experimentation, and application to the development of graphical methods," Journal of the American Statistical Association, vol. 79, no. 387, pp. 531-554, 1984.

[21] J. Mackinlay, "Automating the design of graphical presentations of relational information," ACM Transactions on Graphics, vol. 5, pp. 110-141, 1986.

[22] J. Heer and M. Bostock, "Crowdsourcing graphical perception: Using mechanical turk to assess visualization design," in Proceedings of the SIGCHI Conference on Human Factors in Computing Systems (CHI'10), pp. 203-212, ACM, 2010.

[23] D. Holten and J. J. van Wijk, "A user study on visualizing directed edges in graphs," in Proceed-

ings of the SIGCHI Conference on Human Factors in Computing Systems (CHI'09), pp. 2299-2308, ACM, 2009.

[24] K. Misue, P. Eades, W. Lai, and K. Sugiyama, "Layout adjustment and the mental map," Journal of Visual Languages & Computing, vol. 6, no. 2, pp. 183-210, 1995.

[25] E. R. Tufte, The Visual Display of Quantitative Information. Graphics Press, 1992.

[26] A. Inselberg, "The plane with parallel coordinates," The Visual Computer, vol. 1, issue 2, pp. 69-91, 1985.

[27] A. Inselberg, Parallel Coordinates: Visual Multidimensional Geometry and Its Applications, Springer Science & Business Media, 2009.

[28] E. Kandogan, "Visualizing multi-dimensional clusters, trends, and outliers using star coordinates," in Proceedings of the Seventh ACM SIGKDD International Conference on Knowledge Discovery and Data Mining (KDD'01), pp. 107-116, ACM, 2001.

[29] K. Daniels, G. Grinstein, A. Russell, and M. Glidden, "Properties of normalized radial visualizations," Information Visualization, vol. 11, no. 4, pp. 273-300, 2012.

[30] E. R. Tufte, Envisioning Information. Graphics press, 1990.

[31] J. W. Tukey and P. A. Tukey, "Some graphics for studying four-dimensional data," The Collected Works of John W. Tukey: Graphics: 1965-1985, vol. 5, p. 171, 1988.

[32] H. Chernoff, "The use of faces to represent points in k-dimensional space graphically," Journal of the American Statistical Association, vol. 68, no. 342, pp. 361-368, 1973.

[33] M. Friendly, "Statistical graphics for multivariate data," in SAS SUGI Conference, 1991.

[34] Y.-N. Li, D.-J. Li, and K. Zhang, "Metaphoric transfer effect in information visualization using glyphs," in Proceedings of the 8th International Symposium on Visual Information Communication and Interaction (VINCI'15), pp. 121-130, ACM, 2015.

[35] B. Shneiderman, "Extreme visualization: squeezing a billion records into a million pixels," in Proceedings of the 2008 ACM SIGMOD international conference on Management of data (SINMOD'08), pp. 3-12, 2008.

[36] 白石宏亮, 三末和男, 田中二郎, "つぶつぶ表現を用いたカテゴリデータの視覚的分析ツール," インタラクション 2009 論文集, pp. 105-112, 情報処理学会, 2009.

[37] F. Bendix, R. Kosara, and H. Hauser, "Parallel sets: visual analysis of categorical data," in Proceedings of IEEE Symposium on Information Visualization (InfoVis 2005) pp. 133-140, 2005.

[38] M. Friendly, "Mosaic displays for multi-way contingency tables," Journal of the American Statistical Association, vol. 89, no. 425, pp. 190-200, 1994.

[39] M. Friendly, Visualizing Categorical Data. Sas Institute Cary, NC, 2000.

[40] H. Hofmann, A. P. J. M. Siebes, and A. F. X. Wilhelm, "Visualizing association rules with interactive mosaic plots," in Proceedings of the Sixth ACM SIGKDD International Conference on Knowledge Discovery and Data Mining (KDD'00), pp. 227-235, ACM, 2000.

[41] M. Friendly, "Extending mosaic displays: Marginal, conditional, and partial views of categorical data," Journal of Computational and Graphical Statistics, vol. 8, no. 3, pp. 373-395, 1999.

[42] M. Hlawatsch, F. Sadlo, M. Burch, and D. Weiskopf, "Scale-stack bar charts," Computer Graphics Forum, vol. 32, issue 3pt2, pp. 181-190, 2013.

[43] N. Gossett and B. Chen, "Paint inspired color mixing and compositing for visualization," in Proceedings of IEEE Symposium on Information Visualization (InfoVis 2004), pp. 113-118, 2004.

[44] T. Urness, V. Interrante, I. Marusic, E. Longmire, and B. Ganapathisubramani, "Effectively visualizing multi-valued flow data using color and texture," in Proceedings of IEEE Visualization (VIS 2003), pp. 115-121, IEEE, 2003.

[45] H. Hagh-Shenas, S. Kim, V. Interrante, and C. Healey, "Weaving versus blending: a quantitative assessment of the information carrying capacities of two alternative methods for conveying multivariate data with color," IEEE Transactions on Visualization and Computer Graphics, vol. 13,

pp. 1270-1277, 2007.

[46] L. Micallef and P. Rodgers, "eulerAPE: Drawing area-proportional 3-Venn diagrams using ellipses," PLoS ONE, vol. 9, no. 7, e101717, 2014.

[47] P. Simonetto and D. Auber, "Visualise undrawable euler diagrams," in Proceedings of 12th International Conference on Information Visualisation (IV 2008), pp. 594-599, 2008.

[48] N. H. Riche and T. Dwyer, "Untangling euler diagrams," IEEE Transactions on Visualization and Computer Graphics, vol. 16, pp. 1090-1099, 2010.

[49] C. Collins, G. Penn, and S. Carpendale, "Bubble sets: Revealing set relations with isocontours over existing visualizations," IEEE Transactions on Visualization and Computer Graphics, vol. 15, pp. 1009-1016, 2009.

[50] M. Graham and J. Kennedy, "Using curves to enhance parallel coordinate visualisations," in Proceedings on 7th International Conference on Information Visualisation (IV 2003), pp. 10-16, 2003.

[51] B. Alper, N. Riche, G. Ramos, and M. Czerwinski, "Design study of LineSets, a novel set visualization technique," IEEE Transactions on Visualization and Computer Graphics, vol. 17, pp. 2259-2267, 2011.

[52] K. Dinkla, M. J. van Kreveld, B. Speckmann, and M. A. Westenberg, "Kelp diagrams: Point set membership visualization," Computer Graphics Forum, vol. 31, no. 3pt1, pp. 875-884, 2012.

[53] B. Alsallakh, W. Aigner, S. Miksch, and H. Hauser, "Radial sets: Interactive visual analysis of large overlapping sets," IEEE Transactions on Visualization and Computer Graphics, vol. 19, pp. 2496-2505, 2013.

[54] B. Kim, B. Lee, and J. Seo, "Visualizing set concordance with permutation matrices and fan diagrams," Interacting with Computers, vol. 19, pp. 630-643, 2007.

[55] J. Huo, "KMVQL: A visual query interface based on karnaugh map," in Proceedings of the Working Conference on Advanced Visual Interfaces (AVI'08), pp. 243-250, ACM, 2008.

[56] T. Itoh, C. Muelder, K.-L. Ma, and J. Sese, "A hybrid space-filling and force-directed layout method for visualizing multiple-category graphs," in Proceedings of 2009 IEEE Pacific Visualization Symposium, pp. 121-128, 2009.

[57] P. Eades, "A heuristic for graph drawing," Congressus Numerantium, vol. 42, pp. 149-160, 1984.

[58] J. M. Six and I. G. Tollis, "A framework for circular drawings of networks," Graph Drawing (GD 1999). Lecture Notes in Computer Science, vol. 1731, 107-116, Springer, 1999.

[59] K. Sugiyama, S. Tagawa, and M. Toda, "Methods for visual understanding of hierarchical system structures," IEEE Transactions on Systems, Man, and Cybernetics, vol. 11, pp. 109-125, 1981.

[60] M. Dörk, N. H. Riche, G. Ramos, and S. Dumais, "PivotPaths: Strolling through faceted information spaces," IEEE Transactions on Visualization and Computer Graphics, vol. 18, pp. 2709-2718, 2012.

[61] K. Misue, "Drawing bipartite graphs as anchored maps," in Proceedings of Asia-Pacific Symposium on Information Visualization (APVIS2006), pp. 169-177, 2006.

[62] K. Misue, "Anchored map: Graph drawing technique to support network mining," IEICE Transactions on Information and Systems, vol. E91-D, no. 11, pp. 2599-2606, 2008.

[63] P. C. Wong, P. Mackey, K. Perrine, J. Eagan, H. Foote, and J. Thomas, "Dynamic visualization of graphs with extended labels," in Proceedings of IEEE Symposium on Information Visualization (InfoVis 2005), pp. 73-80, 2005.

[64] D. Holten, "Hierarchical edge bundles: Visualization of adjacency relations in hierarchical data," IEEE Transactions on Visualization and Computer Graphics, vol. 12, pp. 741-748, 2006.

[65] T. Bruckdorfer, M. Kaufmann, S. Leibßle, "PED user study," Graph Drawing and Network Visualization (GD 2015). Lecture Notes in Computer Science, vol. 9411, pp. 551−553, Springer, 2015.

[66] C. Binucci, G. Liotta, F. Montecchiani, and A. Tappini, "Partial edge drawing: Homogeneity is

more important than crossings and ink," in Proceedings of 7th International Conference on Information, Intelligence, Systems & Applications (IISA), pp. 1-6, 2016.

[67] J. Bae and B. Watson, "Developing and evaluating Quilts for the depiction of large layered graphs," IEEE Transactions on Visualization and Computer Graphics, vol. 17, pp. 2268-2275, 2011.

[68] M. Ghoniem, J.-D. Fekete, and P. Castagliola, "A comparison of the readability of graphs using node-link and matrix-based representations," in Proceedings of IEEE Symposium on Information Visualization (InfoVis 2004), pp. 17-24, IEEE, 2004.

[69] N. Henry, J.-D. Fekete, and M. J. McGuffin, "NodeTrix: a hybrid visualization of social networks," IEEE Transactions on Visualization and Computer Graphics, vol. 13, pp. 1302-1309, 2007.

[70] N. Henry. and J.-D. Fekete, "MatLink: Enhanced matrix visualization for analyzing social networks," Human-Computer Interaction (INTERACT 2007). Lecture Notes in Computer Science, vol. 4663, pp. 288-302, Springer, 2007.

[71] Q.-W. Feng, R. F. Cohen, and P. Eades, "How to draw a planar clustered graph," in Proceedings of International Computing and Combinatorics Conference, pp. 21-30, Springer, 1995.

[72] H. Omote and K. Sugiyama, "Method for visualizing complicated structures based on unified simplification strategy," IEICE Transactions on Information and Systems, vol. E90-D, no. 10, pp. 1649-1656, 2007.

[73] 三末和男，杉山公造，"図的思考支援を目的とした複合グラフの階層的描画法について，" 情報処理学会論文誌，vol. 30, no. 10, pp. 1324-1334, 1989.

[74] K. Sugiyama and K. Misue, "Visualization of structural information: automatic drawing of compound digraphs," IEEE Transactions on Systems, Man, and Cybernetics, vol. 21, pp. 876-892, 1991.

[75] John Q. Walker, II, "A node-positioning algorithm for general trees," Software: Practice and Experience, vol. 20, no. 7, pp. 685-705, 1990.

[76] C. Buchheim, M. Jünger, and S. Leipert, "Drawing rooted trees in linear time," Software: Practice and Experience, vol. 36, no. 6, pp. 651-665, 2006.

[77] I. Herman, G. Melancon, and M. S. Marshall, "Graph visualization and navigation in information visualization: A survey," IEEE Transactions on Visualization and Computer Graphics, vol. 6, pp. 24-43, 2000.

[78] C. Tuttle, L. G. Nonato, and C. Silva, "PedVis: A structured, space-efficient technique for pedigree visualization," IEEE Transactions on Visualization and Computer Graphics, vol. 16, pp. 1063-1072, 2010.

[79] J. B. Kruskal and J. M. Landwehr, "Icicle plots: Better displays for hierarchical clustering," The American Statistician, vol. 37, no. 2, pp. 162-168, 1983.

[80] J. Stasko, R. Catrambone, M. Guzdial, and K. McDonald, "An evaluation of space-filling information visualizations for depicting hierarchical structures," International Journal of Human-computer Studies, vol. 53, no. 5, pp. 663-694, 2000.

[81] G. G. Robertson, J. D. Mackinlay, and S. K. Card, "Cone Trees: Animated 3D visualizations of hierarchical information," in Proceedings of the SIGCHI Conference on Human Factors in Computing Systems (CHI'91), pp. 189-194, ACM, 1991.

[82] J. Lamping and R. Rao, "Laying out and visualizing large trees using a hyperbolic space," in Proceedings of the 7th Annual ACM Symposium on User Interface Software and Technology (UIST'94), pp. 13-14, ACM, 1994.

[83] T. Itoh, Y. Yamaguchi, Y. Ikehata, and Y. Kajinaga, "Hierarchical data visualization using a fast rectangle-packing algorithm," IEEE Transactions on Visualization and Computer Graphics, vol. 10, no. 3, pp. 302-313, 2004.

［84］ B. B. Bederson, "Quantum treemaps and bubblemaps for a zoomable image browser," in Proceedings of User Interface Systems and Technology (UIST 2001), pp. 71-80, 2001.

［85］ B. B. Bederson, B. Shneiderman, and M. Wattenberg, "Ordered and quantum treemaps: Making effective use of 2D space to display hierarchies," ACM Transactions on Graphics, vol. 21, pp. 833 -854, 2002.

［86］ W. Wang, H. Wang, G. Dai, and H. Wang, "Visualization of large hierarchical data by circle packing," in Proceedings of the SIGCHI Conference on Human Factors in Computing Systems (CHI'06), pp. 517-520, ACM, 2006.

［87］ F. Fischer, J. Fuchs, and F. Mansmann, "ClockMap: Enhancing circular treemaps with temporal glyphs for time-series data," in EuroVis-Short Papers (M. Meyer and T. Weinkaufs, eds.), The Eurographics Association, 2012.

［88］ B. Shneiderman, "Tree visualization with Tree-maps: 2-d space-filling approach," ACM Transactions on Graphics, vol. 11, pp. 92-99, 1992.

［89］ M. Bruls, K. Huizing, and J. J.van Wijk, "Squarified treemaps," in Proceedings of the Joint EUROGRAPHICS and IEEE TCVG Symposium on Visualization (Data Visualization 2000), pp. 33-42, Springer, 2000.

［90］ B. Shneiderman and M. Wattenberg, "Ordered treemap layouts," in Proceedings of IEEE Symposium on Information Visualization (InfoVis 2001), pp. 73-78, IEEE, 2001.

［91］ M. Sondag, B. Speckmann, and K. Verbeek, "Stable treemaps via local moves," IEEE Transactions on Visualization and Computer Graphics, vol. 24, no. 1, pp. 729-738, 2017.

［92］ M. Balzer and O. Deussen, "Voronoi treemaps," in Proceedings of IEEE Symposium on Information Visualization (InfoVis 2005), pp. 49-56, Oct. 2005.

［93］ S. Zhao, M. J. McGuffin, and M. H. Chignell, "Elastic hierarchies: combining treemaps and node-link diagrams," in Proceedings of IEEE Symposium on Information Visualization (InfoVis 2005), pp. 57-64, 2005.

［94］ L. Linsen and S. Behrendt, "Linked treemap: a 3D treemap-nodelink layout for visualizing hierarchical structures," Computational Statistics, vol. 26, no. 4, p. 679, 2011.

［95］ R. Heilmann, D. A. Keim, C. Panse, and M. Sips, "RecMap: Rectangular map approximations," in Proceedings of IEEE Symposium on Information Visualization (InfoVis 2004), pp. 33-40, 2004.

［96］ J. Wood and J. Dykes, "Spatially ordered treemaps," IEEE Transactions on Visualization and Computer Graphics, vol. 14, pp. 1348-1355, 2008.

［97］ D. Dorling, "Map design for census mapping," The Cartographic Journal, vol. 30, no. 2, pp. 167-183, 1993.

［98］ W. R. Tobler, "A continuous transformation useful for districting," Annals of the New York Academy of Sciences, vol. 219, pp. 215-220, 1973.

［99］ D. Dorling, A. Barford, and M. Newman, "Worldmapper: The world as you've never seen it before," IEEE Transactions on Visualization and Computer Graphics, vol. 12, no. 5, pp. 757-764, 2006.

［100］ B. Speckmann and K. Verbeek, "Necklace maps," IEEE Transactions on Visualization and Computer Graphics, vol. 16, pp. 881-889, 2010.

［101］ W. R. Tobler, "Experiments in migration mapping by computer," The American Cartographer, vol. 14, no. 2, pp. 155-163, 1978.

［102］ K. Verbeek, K. Buchin, and B. Speckmann, "Flow map layout via spiral trees," IEEE Transactions on Visualization and Computer Graphics, vol. 17, no. 12, pp. 2536-2544, 2011.

［103］ J. Wood, J. Dykes, and A. Slingsby, "Visualization of origins, destinations and flows with OD maps," The Cartographic Journal, vol. 47, no. 3, pp. 117-129, 2010.

［104］ T. Saito, H. N. Miyamura, M. Yamamoto, H. Saito, Y. Hoshiya, and T. Kaseda, "Two-tone pseudo coloring: compact visualization for one-dimensional data," in Proceedings of IEEE Symposium on Information Visualization (InfoVis 2005), pp. 173-180, 2005.

[105] S. Few, "Time on the horizon," Visual Business Intelligence Newsletter, June/July 2008.

[106] W. Javed, B. McDonnel, and N. Elmqvist, "Graphical perception of multiple time series," IEEE Transactions on Visualization and Computer Graphics, vol. 16, pp. 927-934, 2010.

[107] S. Havre, B. Hetzler, and L. Nowell, "ThemeRiver: visualizing theme changes over time," in Proceedings of IEEE Symposium on Information Visualization (InfoVis 2000), pp. 115-123, 2000.

[108] S. Havre, E. Hetzler, P. Whitney, and L. Nowell, "ThemeRiver: visualizing thematic changes in large document collections," IEEE Transactions on Visualization and Computer Graphics, vol. 8, pp. 9-20, 2002.

[109] L. Byron and M. Wattenberg, "Stacked graphs‐geometry & aesthetics," IEEE Transactions on Visualization and Computer Graphics, vol. 14, pp. 1245-1252, 2008.

[110] S. Shiroi, K. Misue, and J. Tanaka, "ChronoView: Visualization technique for many temporal data," in Proceedings of 16th International Conference on Information Visualisation (iV2012), pp. 112-117, 2012.

[111] K. Misue, Y. Kanai, and H. Takagi, "Visualizing the overview of temporal patterns of patients' activities", in Proceedings of Workshop on Visual Analytics in Healthcare (VAHC 2013), pp. 11-14, 2013.

[112] J. V. Carlis and J. A. Konstan, "Interactive visualization of serial periodic data," in Proceedings of the 11th Annual ACM Symposium on User Interface Software and Technology (UIST'98), pp. 29-38, ACM, 1998.

[113] C. Tominski and H. Schumann, "Enhanced interactive spiral display," in Proceedings of the Annual SIGRAD Conference, Special Theme: Interactivity, pp. 53-56, 2008.

[114] 豊田正史, 喜連川優, "WebRelievo：ウェブにおけるリンク構造の発展過程解析システム," 第12回インタラクティブシステムとソフトウェアに関するワークショップ（WISS2004）, pp. 89-94, 2004.

[115] M. Itoh, M. Toyoda, and M. Kitsuregawa, "An interactive visualization framework for time-series of web graphs in a 3D environment," in Proceedings of 14th International Conference Information Visualisation (IV'10), pp. 54-60, IEEE, 2010.

[116] D. Jäckle, F. Fischer, T. Schreck, and D. A. Keim, "Temporal MDS plots for analysis of multivariate data," IEEE Transactions on Visualization and Computer Graphics, vol. 22, no. 1, pp. 141-150, 2015.

[117] C. Collins, F. B. Viégas, and M. Wattenberg, "Parallel tag clouds to explore and analyze faceted text corpora," in Proceedings of IEEE Symposium on Visual Analytics Science and Technology (VAST 2009), pp. 91-98, 2009.

[118] M. Burch, C. Vehlow, F. Beck, S. Diehl, and D. Weiskopf, "Parallel edge splatting for scalable dynamic graph visualization," IEEE Transactions on Visualization and Computer Graphics, vol. 17, no. 12, pp. 2344-2353, 2011.

[119] E. R. Tufte, Beautiful Evidence. Graphis Press, 2006.

[120] B. Lee, N. H. Riche, A. K. Karlson, and S. Carpendale, "SparkClouds: Visualizing trends in tag clouds," IEEE Transactions on Visualization and Computer Graphics, vol. 16, no. 6, pp. 1182-1189, 2010.

[121] H. Chiba, Y. Hyogo, and K. Misue, "Static representation exposing spatial changes in spatio‐temporal dependent data," IEICE Transactions on Information and Systems, vol. E101-D, no. 4, pp. 933-943, 2018.

[122] 伊藤隆朗, 三末和男, 田中二郎, タワーマップ：2部グラフ構造と量的情報を同時提示する3次元可視化手法, 情報処理学会第72回全国大会論文集, pp. 353-354, 2010.

[123] M. Gleicher, D. Albers, R. Walker, I. Jusufi, C. D. Hansen, and J. C. Roberts, "Visual comparison for information visualization," Information Visualization, vol. 10, issue 4, pp. 289-309, 2011.

# 索　引

**著 者 略 歴**

三末　和男（みすえ・かずお）
1984 年　東京理科大学理工学部情報科学科卒業
1986 年　東京理科大学大学院理工学研究科情報科学専攻修士課程修了
1997 年　博士（工学）東京大学
2004 年　筑波大学大学院システム情報工学研究科
　　　　　コンピュータサイエンス専攻助教授
2007 年　筑波大学大学院システム情報工学研究科
　　　　　コンピュータサイエンス専攻准教授
2011 年　筑波大学システム情報系准教授
2015 年　筑波大学システム情報系教授
　　　　　現在に至る

編集担当　村瀬健太・植田朝美（森北出版）
編集責任　富井　　晃（森北出版）
組　　版　コーヤマ
印　　刷　丸井工文社
製　　本　丸井工文社

情報可視化入門
人の視覚とデータの表現手法　　　　　　　　　　　　　Ⓒ 三末和男　2021

2021 年 5 月 31 日　第 1 版第 1 刷発行　　　　【本書の無断転載を禁ず】
2023 年 9 月 5 日　　第 1 版第 2 刷発行

著　　　者　三末和男
発 行 者　森北博巳
発 行 所　森北出版株式会社
　　　　　　東京都千代田区富士見 1-4-11（〒102-0071）
　　　　　　電話 03-3265-8341／FAX 03-3264-8709
　　　　　　https://www.morikita.co.jp/
　　　　　　日本書籍出版協会・自然科学書協会　会員
　　　　　　JCOPY　＜（一社）出版者著作権管理機構　委託出版物＞

落丁・乱丁本はお取替えいたします.

Printed in Japan／ISBN978-4-627-85591-5